MARK R. McGEE

BERLIN

1925–1946–2000

nicolai

Impressum

2. aktualisierte Auflage 2001

Lektorat: Antje Heer, Antonia Meiners, Berlin
Übersetzung: Beate Staib, Berlin
Aktuelle Fotografien: Jonas Maron, Berlin
Gestaltung: Pauline Schimmelpenninck, München
Satz und Litho: Mega-Satz-Service, Berlin
Druck: H. Heenemann, Berlin
Bindung: Lüderitz & Bauer, Berlin

Printed in Germany
ISBN 3-87584-901-9

Barocke Adelspalais an der Südseite des Pariser Platzes, 1865

INHALT

VORWORT

Wolf Jobst Siedler

»Von diesen Städten wird bleiben: der durch sie hindurchging, der Wind!« Als Brecht diese Zeile in einem Gedicht der zwanziger Jahre schrieb, nahmen die Leser das vermutlich für eine poetische Metapher über die Vergänglichkeit der modernen Zivilisation. Europas Städte waren festgefügt, und es schien unwirklich, daß durch sie einst nur der Wind gehen werde. Aber ein großes Beben muß unterirdisch in der Luft gelegen haben. Georg Heym schrieb schon vor dem Ersten Weltkrieg seine berühmten Verse über einen kommenden Krieg, und Fritz von Unruh sagte Anfang der dreißiger Jahre, daß er »Schafe auf dem Potsdamer Platz weiden« sehe, wenn Hitler die Macht ergreife. Es hat nur ein Jahrzehnt gebraucht, bis es soweit war. Als die Waffen nach einem neuen Weltkrieg schwiegen, weideten tatsächlich Schafe im Tiergarten, und der Wind strich durch ausgeglühte Mauern.

Blättert man die Bildseiten dieses Bandes durch, so werden die apokalyptischen Visionen der Dichter geradezu greifbar. Das Berlin, in dem unsere Eltern und Großeltern lebten, existiert wirklich nicht mehr. Nie wird einem das deutlicher als bei einem Gang über Berlins Straßen und Plätze. Natürlich sind auch Paris und London in der Tiefe verändert, die Gesellschaft der Jahrhundertwende gibt es auch an der Seine und an der Themse nicht mehr. Aber die Häuser sind doch noch da, in denen Balzac und Maupassant lebten, und man kann die Stiege hinaufgehen, die zu dem imaginierten Salon der Herzogin von Guermantes führte.

Auch in London stehen unverändert die Quartiere, in denen Dickens und Thackeray wohnten, und das Kensington und Knightsbridge des neunzehnten Jahrhunderts steht auch am Anfang des einundzwanzigsten Jahrhunderts unverändert. Man könnte einen Literaturführer als Stadtplan anlegen, nur selten wird man einen in der Literatur beschriebenen Ort nicht mehr auffinden. Wo aber ist in Berlin die Weinstube E.T.A. Hoffmanns, wo die Potsdamer Straße Theodor Fontanes, wo hatte

Alfred Döblin seine Armenpraxis, und wo ist die Destille, in der Gottfried Benn sein »Bier zischte«, wie er in Briefen und Gedichten zu sagen pflegte? Vom Winde verweht, nicht nur, weil der Bombenkrieg und die Straßenkämpfe Trümmerstätten vom alten Berlin zurückgelassen haben.
Die Generation der fünfziger und sechziger Jahre träumte ja von einer brave new world, die man gänzlich neu erfinden wollte. An die Stelle des ›Steinernen Meeres‹ von Zille und Mehring sollte die ›Stadtlandschaft‹ Scharouns treten. Überall standen damals riesige Schrifttafeln, auf denen die Stadt sich rühmte, Tabula rasa im großen zu machen: »Abriß für den Wiederaufbau«. Inzwischen ist ein halbes Jahrhundert vergangen, und Berlin hat alles daran gesetzt, sich wiederherzustellen. Damals stand hier und da unter Ruinen noch ein rauchgeschwärztes Haus, heute erinnern nur noch selten Baulücken daran, daß hier einst etwas anderes stand. Die Stadt ist auf dem besten Wege, eine normale europäische Großstadt zu werden, auch wenn man es dahingestellt sein lassen wird, ob man das heutige Berlin wieder eine Metropole, vielleicht sogar eine Weltstadt nennen darf. Dazu fehlt doch viel, und wahrscheinlich fehlen die Menschen noch mehr als die Häuser. Nicht zufällig ist die Formulierung gebraucht worden, Berlin sei eine Weltstadt, aber ohne Weltstädter. Aber das hat vielleicht immer Berlin von den anderen europäischen Kapitalen unterschieden, die im Falle Roms Jahrtausende, im Falle von London und Paris Jahrhunderte zurückreichten. Berlin ist, sieht man es vor diesen Horizonten, eine außerordentlich junge Stadt, und das prägt sich in seinem Stadtbild noch heute sehr deutlich aus. Eben war es noch Kurfürstenstadt, und selbst als es 1701 Königsstadt wurde, zählte es noch nicht einmal einhunderttausend Einwohner. Dann aber ging es schnell. Mitte des neunzehnten Jahrhunderts näherte es sich schon der Millionengrenze, und dann überstürzt es sich geradezu. In der Zeit des späten Bismarck wächst Berlin alle zwei Jahre um so viel Einwohner, wie es zur Zeit Friedrichs II. gehabt hat. Wollte man den Gedanken überspitzen, ließe sich sagen, daß Berlin eine Stadt ohne Geschichte mitten in der Geschichte ist. Wie sollte sich das nicht in seiner gebauten Gestalt ausdrücken?

Blättert man die ungewöhnlich interessanten Bildseiten von Mark R. McGee durch, so wird einem der berühmte Satz gegenwärtig, daß Berlin nie ist und immer nur wird. Nehmen wir als Beispiel den Gendarmenmarkt, der wahrscheinlich der bedeutendste Platz ist, der vom alten Berlin übriggeblieben ist. Noch immer wird das Platzgeviert vom Schauspielhaus Schinkels beherrscht, das wie seit je von den beiden Domkirchen Gontards flankiert wird, die Friedrich in seinen letzten Jahren aufführen ließ. Aber man kann sich diesen Platzraum kaum noch vorstellen, wenn man heute zu Füßen des Schillerdenkmals vor der Freitreppe des ehemaligen Schauspielhauses steht. Einst hatten das Theater und die beiden Domkirchen das Areal beherrscht, das von zweigeschossigen barocken Häusern umstanden wurde. Dann wurden sie im Biedermeier zu drei-, hier

Oben: Belle-Alliance-Platz mit der Friedenssäule im Zentrum. Im Hintergrund die Torgebäude des Halleschen Tors, 1881

Vorhergehende Seite: Der Gendarmenmarkt mit Schauspielhaus und Französischem Dom; rechts im Vordergrund die Königliche Seehandlung, 1870

und da zu viergeschossigen Häusern aufgestockt. In den letzten Jahrzehnten des vorigen Jahrhunderts machten auch diese wiederum neuen Bauten Platz, die vier- bis fünfgeschossig waren. Jetzt waren es nicht mehr Häuser für Bürger, in deren Erdgeschosse mitunter Weinstuben und Restaurants eingeschnitten waren. Heute erheben sich an den alten Straßen Banken, Firmenniederlassungen und Versicherungsgesellschaften. Vor allem sind es nicht mehr die alten schmalbrüstigen Parzellen, sondern weitläufige ›Quartiere‹ von sechs Stockwerken mit zwei zusätzlichen zurückgesetzten Geschossen. Das inzwischen zum Konzerthaus gewordene Schinkelsche Theater wie die beiden Kirchen wirken wie Zutaten, die sich im Gebirge der Randbebauung fast verlieren.

So ist es überall in der Stadt – in der neuen Friedrichstraße wie auf dem Pariser Platz hinter dem Brandenburger Tor und am Potsdamer Platz, der einst neben dem Rond Point von Paris und der Tower Bridge von London einer der bevölkertsten Orte des alten Europa war. Berlin ist wiedererstanden, aber das neue Berlin erinnert nur von Ferne an die im Feuersturm des Krieges untergegangene alte Stadt. Das spricht nicht unbedingt gegen das neue Berlin. Der Potsdamer Platz, dem heute nachgetrauert wird, war immer eine Mißgeburt, eigentlich kein europäischer Platz, sondern eine Kreuzung von vielen Straßen. Beherrscht wurde dieser alte Potsdamer Platz von drei Hotels und einem halben Dutzend Vergnügungsetablissements. Die berühmte Normaluhr in seiner Mitte ist eigentlich das einzige, was sentimentale Gefühle hervorruft. Der Reichstag in seiner neuen, der dritten Gestalt nach dem Wallotschen Originalbau und der Baumgartschen Modernisierung im Geist des Werkbundes ist vielleicht in seiner jetzigen Fassung durch Norman Foster zum ersten Mal ein Bauwerk, vor dem man nicht betreten die Augen niederschlägt.
Das Bundeskanzleramt von Schultes verspricht ein Exempel jener zeichenhaften Architektur zu werden, die nach der Moderne, der Vulgärmoderne und der Postmoderne eine neue Sprache sucht. Am Ende des Baufiebers der neunziger Jahre, das die größte Bauanstrengung gewesen sein wird, die Berlin seit der letzten Jahrhundertwende erlebte, wird eine vollkommen neue Stadt entstanden sein, in der nur noch alte Namen an das Dahingegangene erinnern. Aber das Werden dieses neuen Berlin verfolgt man mit Spannung, Wohlwollen und Hoffnung. Berlin ist wirklich eine Stadt, die niemals ist, sondern immer nur wird. Das muß nicht von vornherein schlecht sein. Gerade das unterscheidet Berlin von Rom, London oder Paris. Wenn diese anderen Metropolen im Zweiten Weltkrieg wie Berlin untergegangen wären, so wäre das alte Europa ärmer geworden, denn die unvergleichliche Schönheit dieser Städte gehörte zur seiner Substanz. Berlin besaß als Stadt niemals diese Substanz, dazu war es zu jung, zu spät und zu gestaltlos. Aber eben das gibt ihm heute die Chance, daß seine Neuschaffung am Ende im Rahmen des Möglichen gelungen sein wird.

STADTSCHLOSS

Die ersten Mauern des Berliner Schlosses stammten aus der Mitte des fünfzehnten Jahrhunderts, der Zeit Friedrichs II. von Brandenburg. Im cöllnischen Teil der Doppelstadt Berlin-Cölln hatte der Kurfürst aus dem Hause Hohenzollern dafür am Westufer der Spree die zweihundert Jahre alte Stadtmauer einreißen lassen. Von ihr geblieben war an dieser Stelle nur ein großer Rundturm, der sogenannte Grüne Hut. Er wurde in die schlichte burgähnliche Anlage aus Brandenburger Ziegelstein integriert.

Zu einem repräsentativen Schloß wandelte sich das Gebäude unter Kurfürst Joachim II. Nur fünf Jahre dauerte der 1538 von Baumeister Konrad und dem sächsischen Architekten Caspar Theyß begonnene Umbau in ein reich verziertes Renaissanceschloß mit großem Innenhof. Teurer, importierter Sandstein ersetzte die herkömmlichen Ziegelsteine, Schmuckelemente verschönerten die Fassaden.

Ende des sechzehnten Jahrhunderts wurde das Schloß nochmals erweitert: Zwischen 1580 und 1595 entstand unter der Leitung von Baumeister Rochus Graf zu Lynar der sogenannte Apothekenflügel, in dem die Hofapotheke untergebracht war.

Der Dreißigjährige Krieg brachte wie überall im Land Verwüstung und wirtschaftlichen Niedergang; Hunger und Elend herrschten. Kurfürst Georg Wilhelm ging nach Königsberg. Als sein Sohn Friedrich Wilhelm, der spätere Große Kurfürst, 1644 nach Berlin zurückkehrte, war ein Großteil der Häuser in der Stadt, darunter auch das Schloß, nicht mehr bewohnbar. Wände mußten mit Holzbohlen abgestützt werden, damit sie nicht zusammenfielen.

Mit großem Geschick beförderte der Große Kurfürst den Wiederaufstieg Berlins. Handwerker aus ganz Europa kamen in die Stadt oder siedelten sich im Umland an. Steuervergünstigungen kurbelten die Wirtschaft an, und der Ausbau der Hafenanlagen an der Spree sowie neuer Wasserstraßen stärkten Berlin als Handelszentrum. Von nun an gab es

Links oben: Der Weiße Saal, der für Staatsakte, unter anderem auch für die Eröffnung des Reichstags, genutzt wurde. Dieser prächtige Zeremoniensaal war 1844 von Friedrich August Stüler entworfen und 1894/95 durch Ernst von Ihne umgestaltet worden. Die Reliefs stammen von Otto Lessing

Rechts oben: Der Sternsaal, einer der von Karl Friedrich Schinkel 1825/26 umgebauten Räume des Schlosses

Unten: Ansicht des Westportals am Berliner Stadtschloß, aufgenommen während eines Berlinbesuchs des Grafen Zeppelin um 1910. Rechts das monumentale Denkmal Wilhelms I.

eine Verbindung zwischen Oder und Spree und damit eine direkte Anbindung an die Ostsee und über die Elbe auch an die Nordsee. Das Schloß erhielt den prächtigen Alabastersaal, der zur Zeit Friedrichs des Großen Berühmtheit erlangen sollte, als hier die Tänzerin Barberina das Publikum begeisterte.

Seinem Sohn, Kurfürst Friedrich III. (ab 1701 Friedrich I., König in Preußen), hinterließ der Große Kurfürst ein beträchtliches Vermögen, so daß ein umfangreicher Schloßumbau in Angriff genommen werden konnte. Eine einheitliche barocke Anlage sollte entstehen. Andreas Schlüter gestaltete ab 1698 die Südfassade am Schloßplatz und die Nordfassade am Lustgarten. Eosander von Göthe erweiterte den Bau zwischen 1706 und 1713 nach Westen hin. Nach der Vollendung des Westportals hatte das Schloß seine Grundfläche verdoppelt.

Unter den Nachfolgern Friedrichs I. büßte Berlin als Wohnsitz für die Monarchen dennoch viel von seiner Anziehungskraft ein. Friedrich Wilhelm I., der Soldatenkönig, fühlte sich im Potsdamer Stadtschloß oder beim Tabakskollegium im Jagdschloß von Königs Wusterhausen wesentlich wohler, und Friedrich der Große ließ Potsdam zu einer prachtvollen Residenz ausbauen, in der sich auch Friedrich Wilhelm II. viel lieber aufhielt als an der Spree. Am Berliner Stadtschloß wurden im Laufe der Zeit nur wenige An- und Umbauten vorgenommen.

Friedrich Schinkel, der Baumeister Friedrich Wilhelms III., beteiligte sich in den zwanziger Jahren des neunzehnten Jahrhunderts an der Umgestaltung einiger Säle, doch die letzte imposante Ergänzung war zweifellos die unter Friedrich Wilhelm IV. zwischen 1845 und 1853 errichtete Schloßkapelle. Der nach einem Entwurf von Friedrich August Stüler entstandene achteckige Raum wurde von einer Kuppel überwölbt, die mit ihrem Kreuz siebzig Meter in den Himmel ragte.

Links: Das Hohenzollernschloß erfährt im Sommer 1993 eine kurze Wiederauferstehung in Form einer vier Stockwerke hohen Fassade aus Stahlgerüsten und Plastikplanen

Rechts: Die Schloßruine im Mai 1945

Rechts unten: Blick über den Kupfergraben zum Palast der Republik. Rechts der Marstall von Ernst von Ihne, dahinter der alte Marstall und das Ribbeckhaus mit seinen drei Giebeln

Links: Siebzig Meter ragt die Kuppel der Schloßkapelle in den Himmel, davor eine Teilansicht des Westportals und im Vordergrund die Kolonnaden des Denkmals für Wilhelm I. Links außen ist die Laterne der Kuppel des Berliner Doms zu sehen

Nach seiner Thronbesteigung im Jahr 1888 bezog Kaiser Wilhelm II. das seit einigen Jahren wenig genutzte Stadtschloß. Sowohl Friedrich Wilhelm III. als auch Kaiser Friedrich hatten Häuser Unter den Linden als Wohnsitze vorgezogen, und so waren innerhalb des Gebäudes umfangreiche Renovierungen notwendig. Dazu gehörten nicht nur Veränderungen nach dem Geschmack des jungen Kaisers, etwa beim Umbau des Weißen Saales, sondern auch Modernisierungen wie der Einbau von Heizungsanlagen, Badezimmern und elektrischem Licht. Gegenüber dem Eosanderportal ließ Deutschlands letzter Kaiser ein Denkmal für seinen Großvater errichten.

Das Nationaldenkmal, eingeweiht am 22. März 1897, zeigte Kaiser Wilhelm I. in Generalsuniform zu Pferde während des Deutsch-Französischen Kriegs, zu seinen Füßen mit Trophäen ausgestattete Löwen und geflügelte Siegesgöttinnen. Auf drei Seiten umgaben den Herrscher wuchtige Kolonnaden mit weiteren Bronzefiguren in heroischer Pose. Das Reiterstandbild für diese vier Millionen Goldmark teure Anlage schuf Reinhold Begas.

Nachdem Wilhelm II. 1918 abgedankt hatte und ins holländische Exil gegangen war, fand 1921 das Berliner Kunstgewerbemuseum im Schloß

Rechts: Otto Schönfelder und seine Ehefrau genießen im Sommer 1930 ihren wohlverdienten Ruhestand auf dem Schloßdach. Das Rentnerehepaar, einst beim Kaiser in Stellung, lebte seit 1900 hinter dem Giebel in einer Dachwohnung

Unten: Das Stadtschloß am 14. Oktober 1950, während der Abrißarbeiten. Rechts klafft eine Lücke, dort hatte einmal das Ehepaar Schönfelder in seiner Dachwohnung gelebt. Das Westportal wurde siebenundsiebzig Tage später gesprengt

sein Domizil, doch blieben viele der eintausendfünfhundert Räume ungenutzt. In den dreißiger Jahren waren Teile des Gebäudes schließlich so verfallen, daß zuweilen Steine auf die Straße herabfielen und Passanten gefährdeten.

Den Zweiten Weltkrieg überstand das Stadtschloß relativ unversehrt, und auch als am 3. Februar 1945 die Nordseite von einer Bombe mit großer Sprengkraft getroffen wurde, blieben die meisten der meterdicken Mauern sowie ein großer Teil der Schlüterschen Sandsteinfassaden in ihrer Bausubstanz erhalten.

Nach dem Zusammenbruch des ›Dritten Reichs‹ wurde die Mitte Berlins Teil des sowjetischen Sektors und unterstand damit der Verwaltung des kommunistisch beherrschten Magistrats von Groß-Berlin. Zunächst sah es so aus, als sollte das Schloß erhalten bleiben. Der Magistrat stellte fünfundvierzigtausend Reichsmark für ein provisorisches Dach über dem Weißen Saal im Westflügel zur Verfügung, in dem in den kommenden Jahren noch Ausstellungen gezeigt wurden. Einige aus den Kellerräumen geborgene wertvolle Stücke des Schloßinterieurs waren 1946 hier zu sehen.

Im Oktober 1949 erteilte die Regierung der neugegründeten DDR einem sowjetischen Filmteam die Genehmigung zu Dreharbeiten in der Schloßruine. Hier entstand das Epos »Das Ende von Berlin«. Für eine realistische Darstellung der Schlachten hatten die Filmausstatter funktionstüchtige Artilleriegeschütze mitgebracht und feuerten echte Granaten gegen die Schloßmauern. Die steinernen Engel über dem Westportal und mehr als zweihundert Fensterscheiben wurden dabei zerstört.

Diesem Akt des Vandalismus folgten bald Gerüchte über einen bevorstehenden Abriß. Die Befürworter einer Erhaltung des Stadtschlosses suchten vergebens nach einem angeblich von Lenin verfaßten Brief, in dem er das Bauwerk als »deutsches Nationalheiligtum für alle kulturschöpferischen und schaffenden Menschen« bezeichnet haben soll, »das niemals angetastet« werden dürfe. Indessen verwies die DDR-Regierung jedoch auf die für den Wiederaufbau veranschlagten Kosten von fünfzig Millionen Mark und erklärte, das Geld sei an anderer Stelle sinnvoller auszugeben. Von besonderer Bedeutung für diese Entscheidung der DDR-Politiker war allerdings der ideologische Aspekt. Schon im Oktober 1945 hatte der Magistrat angeordnet, »alle Embleme und Denkmäler der Hohenzollern, des Militärs und des Nationalsozialismus zu beseitigen«. Als der Ministerrat der DDR am 23. August 1950 die Sprengung des Gebäudes beschloß, wollte er damit den Bruch mit der preußischen Vergangenheit demonstrieren. Walter Ulbricht, damals auch Erster Stellvertreter

Links im Bild die Kuppel des Berliner Doms, bekrönt von ihrer modernen Laterne. Rechts der Palast der Republik

des Vorsitzenden des Ministerrats, erklärte, »das Gebiet der jetzigen Schloßruine [... soll] zu dem großen Demonstrationsplatz werden, auf dem der Kampfwille und Aufbauwille unseres Volkes Ausdruck finden können«.

Da die Entscheidung, das Schloß zu sprengen, zu heftigen Kontroversen führte, wollte man die Abbrucharbeiten so rasch wie möglich zu Ende bringen. Andere Bauvorhaben im Ostsektor wurden unterbrochen, um Arbeiter und Gerät dafür abstellen zu können. Am 6. September wurde der dreihundertundfünfundfünfzig Jahre alte Apothekenflügel gesprengt. Danach folgten die von Martin Böhme im siebzehnten Jahrhundert errichteten Arkaden an der Südwestecke des Schlosses. Zuletzt stürzte am 30. Dezember um fünfzehn Uhr Eosander von Göthes Westportal in sich zusammen, unter dem man zehn Tonnen Dynamit zur Explosion gebracht hatte.

Von der gesamten Schloßanlage blieb allein das Portal IV erhalten, von dem Karl Liebknecht am 9. November 1918 die »Freie Sozialistische Republik« ausgerufen hatte. Es wurde in den sechziger Jahren in das neu errichtete Staatsratsgebäude integriert, an dessen Fassade es heute noch zu sehen ist.

Im Rahmen des »Nationalen Aufbauprogramms« entstand auf dem Gelände des ehemaligen Schlosses bis zum 1. Mai 1951 ein riesiger Aufmarschplatz, und mehr als zwei Jahrzehnte blieb das nun Marx-Engels-Platz genannte Areal eine kahle Fläche. Zwar war von Anfang an geplant, diesen zentralen Platz inmitten Berlins wieder mit einem repräsentativen Gebäude zu bebauen, doch gab es zunächst vordringlichere Aufgaben wie die Bekämpfung der Wohnungsnot und den Wiederaufbau von Industrieanlagen. Auch der Bau der Berliner Mauer zehn Jahre später band in großem Umfang finanzielle Mittel und Arbeitskräfte.

Erst zwischen 1973 und 1976 wurde nach Plänen eines Architektenkollektivs unter der Leitung von Heinz Graffunder der ›Palast der Republik‹ an der Stelle errichtet, an der einstmals der Ostflügel des Schlosses an das Spreeufer grenzte. Auf der dem Berliner Dom zugewandten Seite erhielt die DDR-Volkskammer ihren Sitz. Der größere Teil des Gebäudes sollte der Allgemeinheit offenstehen. Die Architekten wollten dem Bau eine »helle, festliche Eleganz« verleihen, die die Bürger auf der Straße zum Eintreten einladen sollte.

Der ›Große Saal‹ mit seinen bis zu viertausendundachthundert Sitzplätzen wurde für verschiedene Zwecke genutzt, für SED-Parteitage genauso wie für Unterhaltungsveranstaltungen und Konzerte. Daneben gab es zahlreiche Restaurants, Bars und Cafés und im Keller sogar eine

Linke Seite: Blick über die Spree zum Apothekenflügel mit seinen drei Giebeln, 1880. Im Vordergrund die hölzerne ›Cavalierbrücke‹

Oben rechts: Ansicht des Apothekenflügels um 1900. Der mittlere Giebel ist entfernt worden. Im Vordergrund die 1889 gebaute Kaiser-Wilhelm-Brücke

Rechts: Die Ruine des Apothekenflügels wird im September 1950 auf Befehl Walter Ulbrichts gesprengt

Bowlingbahn. Der ›Palast‹ wurde bald zu einem beliebten Treffpunkt, wo DDR-Bürger auch ihre Abschlußfeiern, Hochzeiten, Pensionierungen und andere festliche Anlässe begehen konnten.

Nach dem Ende der DDR schien es, als ob den Palast der Republik dasselbe Schicksal ereilen sollte wie vierzig Jahre zuvor das Schloß. Messungen im September 1990 hatten einen hohen Anteil an krebserregendem Asbest im Gebäude angezeigt, so daß es geschlossen werden mußte. Bald darauf wurde der Abriß angekündigt. Unter den Ostberlinern löste diese Entscheidung eine Welle des Protests aus, denn viele von ihnen verbinden positive Erinnerungen mit diesem Ort. 1995 wurde der Beschluß zum Abriß des Palasts der Republik vorübergehend aufgehoben und lediglich die Asbestbeseitigung angeordnet.

Was aber könnte den Palast ersetzen? Die Gesellschaft zum Wiederaufbau des Stadtschlosses unter der Führung des Hamburger Geschäftsmanns Wilhelm von Boddien fordert die Wiedererrichtung des historischen Gebäudes. Innerhalb kurzer Zeit sammelten seine Anhänger dafür mehrere Millionen Mark, mit denen unter anderem 1993 eine vier Stockwerke hohe Scheinfassade des Stadtschlosses aus Stahlgerüsten und Plastikplanen finanziert wurde. Im Innern gab es eine Ausstellung zur Geschichte des Schlosses. Über ein halbes Jahr dominierte die Attrappe den Platz und zog mehr als einhundertundachtzigtausend Besucher an. Ein Blick ins Gästebuch beweist, daß Boddiens Pläne auf große Resonanz stoßen.

Noch ist nicht entschieden, ob der Palast der Republik abgerissen und ob das alte Schloß wieder aufgebaut wird.

Linke Seite: Seitenansicht des Apothekenflügels, vor und nach dem Krieg. Die Straße führt nach links zur Brücke über die Spree

---

Unten: Blick auf die Karl-Liebknecht-Brücke, einst Kaiser-Wilhelm-Brücke. An Stelle des Apothekenflügels steht heute der Teil des Palasts der Republik, in dem die Volkskammer ihren Sitz hatte. Im Hintergrund die Friedrichswerdersche Kirche

PALAIS PANNEWITZ

Oben links: Limousinen in der Wilhelmstraße während des traditionellen Neujahrsempfangs des Auswärtigen Amts für das diplomatische Corps, 12. Januar 1939 in Berlin

Oben rechts: Joachim von Ribbentrop, Chef des Auswärtigen Amts während der NS-Zeit. Diese Aufnahme zeigt ihn in seinem eben renovierten Amtssitz am 3. März 1940

Die prachtvollen Gebäude im barocken und im klassizistischen Stil, die einst die Wilhelmstraße säumten, entstanden im Zuge einer von Preußens ›Soldatenkönig‹ Friedrich Wilhelm I. im achtzehnten Jahrhundert veranlaßten Neubebauung.

Um 1730 vergab der König die Grundstücke südlich des heutigen Pariser Platzes nach und nach an Mitglieder der preußischen Aristokratie, die in der aufstrebenden königlichen Residenz Posten im Staatsdienst oder im preußischen Heer übernehmen sollten. Von so angesehenen Baumeistern wie Jean de Bodt, Friedrich Wilhelm Diterichs und Philipp Gerlach ließen die Adligen sich hier im Laufe des achtzehnten Jahrhunderts komfortable Villen mit ausgedehnten Gartenanlagen errichten.

Das Stadtpalais in der Wilhelmstraße 76 wurde während dieser Bebauungsphase für Oberst Wolff Adolph von Pannewitz errichtet. Wie an der Nachbarvilla des Kriegsrats Johann Karl Stoltze, schloß sich auf der Rückseite ein ruhiger Garten an, der sich bis zur neuen Zollmauer hin ausdehnte – später nannte man das Areal wegen der zahlreichen Grünanlagen Ministergärten. 1805 wurde das Palais umgebaut, und im Jahr 1819 erwarb es der preußische Staat für Außenminister Graf Christian Günther Bernstorff und dessen Stab. Für die nächsten einhundertundsechsundzwanzig Jahre war das Palais Pannewitz eher als das – zunächst preußische und später deutsche – Auswärtige Amt bekannt.

In den oberen Räumen des Palais residierte zwischen 1862 und 1876 Otto von Bismarck, seit 1871 Reichskanzler. Während der gesamten Zeit, in der er dort seinen Haushalt unterhielt, behielten die Räumlichkeiten über dem Auswärtigen Amt den Charakter des Provisorischen. Viele Zimmer blieben ohne Teppiche. Bücher und Akten stapelten sich auf Stühlen und Tischen. Die Mahlzeiten hat man vorzugsweise herbeibringen und nicht in der Küche des Hauses bereiten lassen, und wenn Bismarck Gäste zu bewirten hatte, empfing er sie lieber in einem nahegelegenen Hotel.

Oben: Das deutsche Auswärtige Amt in der Wilhelmstraße 76, um 1898

Rechts: Das stark beschädigte Haus Wilhelmstraße 76 am 24. Juli 1945

In den übrigen Räumen des Pannewitzschen Palais residierten weiterhin führende Persönlichkeiten der deutschen Außenpolitik. Darunter Baron Marschall von Bieberstein, der die nicht immer erfolgreichen diplomatischen Bemühungen Kaiser Wilhelms II. wiedergutzumachen versuchte, und der Vortragende Rat Baron von Holstein. Als Friedrich von Holstein im Jahr 1906 von Wilhelm II. entlassen wurde, rächte er sich, indem er Geschichten über angebliche homosexuelle Affären von Mitgliedern aus dem engsten Kreis des Kaisers preisgab. Der folgende Skandal zog das politische Aus für Philipp Fürst zu Eulenburg nach sich, einem politischen Vertrauten des Kaisers.

Mit steigenden Anforderungen an das Auswärtige Amt übernahm die Behörde in den folgenden Jahren die zwei angrenzenden Palais Wilhelmstraße Nr. 75 und Nr. 74. Zur Zeit der Weimarer Republik amtierte hier Gustav Stresemann und unter den Nationalsozialisten Joachim von Ribbentrop.

Nach dem Zweiten Weltkrieg blieben die zerstörten Mauern des alten Palais noch einige Jahre stehen, doch schließlich wurde das Gebäude wie nahezu alle übrigen, die zwischen Voßstraße und Pariser Platz an der Westseite der Wilhelmstraße gestanden hatten, abgerissen. Nach 1961 gehörten die weitläufigen Gartenanlagen hinter dem Auswärtigen Amt zu einem Teil des Grenzstreifens an der Berliner Mauer. Landminen wurden verlegt, und Herbizide sorgten dafür, daß nichts mehr wuchs, was die Kontrolle hätte behindern können.

Mitte der achtziger Jahre begannen Baubrigaden mit der Errichtung einer Wohnanlage auf der Ödnis zwischen Wilhelmstraße und Grenzanlagen. Noch ehe jedoch der Komplex fertiggestellt wurde, kam das Ende der DDR.

Bei der Auswahl eines neuen Standorts für die Gebäude der Bundesregierung Mitte der neunziger Jahre hätte man sicher gern das Gebiet an der Wilhelmstraße ausgesucht – wenn es unbebaut gewesen wäre. So aber ist aus dem einstigen Besitz des Oberst von Pannewitz eine Insel mit preisgünstigem Wohnraum in einer mittlerweile noblen Gegend geworden.

Wohnanlage an der Wilhelmstraße, fertiggestellt kurz nach der Wende. Das zerbombte Auswärtige Amt war wenige Jahre nach Kriegsende abgerissen worden. Erst Mitte der achtziger Jahre hatte man mit der Bebauung der Brachfläche begonnen

AMERIKANISCHE BOTSCHAFT

Unten: Die Westseite der US-Botschaft 1936. Das Gebäude war auf dem Standort des alten Blücherschen Palais errichtet und an wohlhabende Bewohner vermietet worden, bevor es die amerikanische Regierung 1930 kaufte. Links das Brandenburger Tor und ein Wohnhaus von Friedrich August Stüler

Oben links: Das Dach der Botschaft 1940. Die Aufschrift »USA« war ein – wie sich zeigen sollte – vergeblicher Versuch der Amerikaner, das Gebäude vor britischen Bombenangriffen zu schützen

Oben rechts: Der Haupteingang der Botschaft am Pariser Platz, 1930

Eine der renommiertesten Adressen in Berlin gehörte in den ersten Jahren Gebhard Leberecht Fürst Blücher von Wahlstatt. Als der Feldmarschall bereits die Siebzig überschritten hatte, zog er in das Palais am Pariser Platz 2. Das prachtvolle Gebäude im barocken Stil hatte er mit Unterstützung Friedrich Wilhelms III. bauen lassen können, der dem alten Feldmarschall damit für seinen Anteil am Sieg gegen Napoleon danken wollte. Das Palais war ausgesprochen großzügig angelegt: Es füllte das riesige südwestliche Eckgrundstück zwischen Pariser Platz und Königgrätzer Straße (heute Ebertstraße). Nach Blüchers Tod im Jahr 1819 stand das Palais noch fünfzig Jahre, wurde dann jedoch abgerissen, um einem exklusiven Mietshaus Platz zu machen. Das von Carl Richter entworfene Gebäude zog eine betuchte Klientel an, die bereit war, gewaltige Summen für eine erlesene Suite mit der Adresse ›Pariser Platz‹, zu zahlen.

1930 wurde das Haus an die Regierung der Vereinigten Staaten verkauft, die auf der Suche nach einen repräsentativen Standort in Berlin für ihre Botschaft war. Kurz nach dem Kaufabschluß brach ein Feuer aus und zerstörte einen Großteil des Interieurs. Die Reparaturarbeiten zogen sich über acht Jahre hin. Erst 1939, wenige Monate vor Beginn des Zweiten Weltkriegs, konnten die amerikanischen Diplomaten ihre neue Botschaft beziehen. In dieser Zeit war das US-Außenministerium auf der Suche nach einem passenden Nachfolger für den aus Altersgründen ausgeschiedenen Botschafter William Edward Dodd, der die vorausgegangenen Jahre versucht hatte, seine Abneigung gegen die nationalsozialistische Regierung mit der Notwendigkeit in Einklang zu bringen, die diplomatischen und wirtschaftlichen Verbindungen aufrechtzuerhalten. Alexander Kirk, sein Chargé d'affaires, nahm vorübergehend seine Aufgaben wahr. Kirk war in den diplomatischen Kreisen in Berlin sehr beliebt und hielt engen Kontakt zu Widerstandsgruppen, die sich gegen Hitlers Weltmachtstreben stellten. Nachdem die Briten und Franzosen ihre eigenen Botschaften nach Beginn des Krieges im September 1939 geschlossen hatten, vertrat die amerikanische Botschaft auch deren Interessen.

Ab dem Herbst 1939 verschlechterten sich die Beziehungen zwischen den Vereinigten Staaten von Amerika und der nationalsozialistischen Regierung zusehends. Mißtrauisch verfolgten die deutschen Behörden die Aktivitäten der Amerikaner in Berlin. Eines Tages erschienen die Gestapo-Mitglieder vor der Tür der Botschaft. Sie hatten die Blaupausen der kürzlich an der Botschaft vorgenommenen Renovierungsarbeiten inspiziert und einen Raum entdeckt, der als »Pulverkammer« (powder room) bezeichnet wurde. In der Überzeugung, daß es sich um einen Lagerraum für Schießpulver handeln müsse, verlangten sie Einlaß, um eine Untersuchung durchführen zu können. Die höflichen Amerikaner führten sie bereitwillig zu dem verdächtigen Raum, bei dem es sich um die Damentoilette handelte.

In der Zeit zwischen dem Überfall auf Polen durch die deutsche Wehrmacht und dem Kriegseintritt der USA Ende des Jahres 1941 gab es in der Botschaft wenig zu tun. Die diplomatischen Aufgaben waren aufgehoben, und abgesehen von einigen wenigen Reportern großer Radio- und Nachrichtengesellschaften gab es in Berlin nur noch wenige Amerikaner zu betreuen.

Später, nach den ersten Angriffen der britischen Luftwaffe, versuchten die Amerikaner, ihre Botschaft vor den Bomben zu schützen, indem sie in riesigen weißen Lettern »USA« auf das Dach schrieben. Diese Maßnahme sollte sich allerdings als zwecklos erweisen, denn bei Kriegsende war der Bau schwer beschädigt. Nach dem Zweiten Weltkrieg wurden die Überreste der amerikanischen Botschaft, wie auch die Ruinen der Französischen Botschaft, der Deutschen Länderbank und der Wohnhäuser am nördlichen Pariser Platz beseitigt. Stehengeblieben war nur das Brandenburger Tor. Das Grundstück der einstigen Botschaft wurde nach 1961 Teil des Sperrgebiets auf der Ostseite der Berliner Mauer.

Seit der Wiedervereinigung liegt der Pariser Platz wieder im Zentrum der deutschen Hauptstadt. Im Jahr 1993 wurde am ehemaligen Standort der Botschaft eine Gedenktafel mit der Inschrift »Der einstige und zukünftige Sitz der Amerikanischen Botschaft in Berlin« angebracht. Das kalifornische Architektenbüro Moore, Ruble & Yudell erhielt den Zuschlag für den Entwurf einer neuen Botschaft, die hier wieder errichtet werden soll.

Die Rückkehr der amerikanischen Botschaft an den Pariser Platz ist allerdings noch nicht geklärt. Aus Sicherheitsgründen verlangt die US-Regierung einen dreißig Meter breiten Abstand der angrenzenden Straßen. Diese Forderung hat eine lebhafte Debatte über die Schaffung einer solchen Pufferzone inmitten des belebten Stadtzentrums ausgelöst.

Oben: Westseite der Botschaft im Jahr 1945. Rechts stehen Hinweisschilder der sowjetischen und französischen Besatzungstruppen

Unten: Modellzeichnung des Architekturbüros Moore Ruble & Yudell für den geplanten Neubau der US-Botschaft; Ansicht der Westseite mit einem Teil des Brandenburger Tors links im Bild

Die Westseite der im Krieg beschädigten Botschaft der Vereinigten Staaten im April 1947

Hinter dem Brandenburger Tor ist das ›Haus Sommer‹ von Josef Paul Kleihues zu erkennen. Für das alte Botschaftsgrundstück rechts daneben ist der Neubau der Amerikanischen Botschaft geplant. Dahinter entsteht das ›Denkmal für die ermordeten Juden Europas‹

ORDENSPALAIS

Eine der auffälligsten Residenzen, die während der letzten Jahre der Herrschaft Friedrich Wilhelms I. in der Friedrichstadt entstanden, war das Ordenspalais. Im Jahr 1737 als Palais der Johanniter an der Nordseite des Wilhelmplatzes errichtet, wurde es neunzig Jahre später für den jung verheirateten Prinzen Karl von Preußen von August Stüler nach Entwürfen Karl Friedrich Schinkels umgebaut.

Schinkel sollte der alten Villa ein moderneres Gesicht geben und setzte an die Stelle des schrägen Dachs mit Gaubenfenstern eine schlichte Fassade im klassizistischen Stil. Im Inneren entstand die erste Treppe aus Eisenkunstguß in ganz Berlin, wobei Schinkel Anregungen aufnahm, die er auf einer Reise nach England erhalten hatte. Schinkel entwarf auch einen Großteil der Möbel für die neuen Räumlichkeiten des Prinzen. Einige seiner Einrichtungsgegenstände sind heute im Kunstgewerbemuseum zu bewundern, zum Beispiel verschiedene Lehnstühle mit vergoldeten Holzteilen, die an die schlichte Eleganz der Möblierung römischer Villen erinnern.

Nachdem Prinz Karl und seine junge Frau die Residenz bezogen hatten, richteten sie im Erdgeschoß eine Rüstungs- und Waffensammlung ein. Sie wurde zu einer der größten in ganz Deutschland.

Das Palais diente später noch mehreren Angehörigen des preußischen Adels als Wohnsitz. Der letzte war Prinz Friedrich Leopold von Preußen.

Nach der Novemberrevolution von 1918 wurden die monarchischen Liegenschaften beschlagnahmt, der preußische Adel mußte seine Stadtschlösser weitgehend aufgeben. Die Stadtvilla Friedrich Leopolds war eine Ausnahme, der Prinz konnte das Gebäude vermieten. Im Oktober 1919 wurde das Ordenspalais Sitz der kurz zuvor gegründeten Vereinigten Pressestelle der Reichsregierung. Dieses neue Informationsorgan der Regierung unterstand der Aufsicht des Auswärtigen Amtes und hatte die weltweite Übermittlung amtlicher Erklärungen der Regierung zur Aufgabe. Täglich um zwölf Uhr mittags wurde im Gartensaal des Ordenspalais eine

Linke Seite: Ein nach Plänen von Schinkel ausgestatteter Saal des Ordenspalais und das Treppenhaus

---

Unten: Das nach Entwürfen von Karl Friedrich Schinkel modernisierte Ordenspalais an der Nordseite des Wilhelmplatzes im Jahr 1890. Das ursprüngliche Palais war 1737 für den Johanniterorden errichtet worden

Pressekonferenz abgehalten. Ein Regierungssprecher verlas die amtlichen Meldungen des Tages und stellte sich den Fragen der lokalen, nationalen und internationalen Presse. Traurige Berühmtheit erlangte das Ordenspalais nach 1933, als es mit dem benachbarten ehemaligen Preußischen Ministerium für Kultur zum Reichsministerium für Volksaufklärung und Propaganda zusammengeschlossen wurde.

Nach dem Ausbruch des Kriegs gab es täglich zwei gutbesuchte Pressekonferenzen im Propagandaministerium. Anfangs fanden sie unter Leitung von Professor Karl Bohmer statt. Er war bei den ausländischen Presseleuten äußerst beliebt, da er möglichst viel Informationen herausgab. Allerdings teilte er der Presse bisweilen mehr mit, als vorgesehen. Er wurde an die Ostfront geschickt, nachdem er die Meldung über den bevorstehenden Einmarsch Hitlers in Bulgarien hatte durchsickern lassen.

Trotz wiederholter schwerer Luftangriffe auf das umliegende Stadtgebiet blieb das Propagandaministerium im Krieg nahezu verschont. Anfang 1945 war es noch das einzige Gebäude am Wilhelmplatz mit vier intakten Außenwänden. Doch am 13. März, am hellichten Tag, schwebte eine einzelne von einem britischen Bomber abgeworfene Fallschirmmine über dem Wilhelmplatz, landete auf dem Dach des Palais und legte den gesamten Bau in Trümmer. Heute erinnert nichts mehr an das ursprüngliche Palais. Die Ruine wurde 1949 abgerissen. Der benachbarte Erweiterungsbau aus den dreißiger Jahren, der große Teile des Propagandaministeriums beherbergte, hat den Krieg überstanden und wurde eine Zeitlang vom Presse- und Informationsdienst der DDR genutzt. An Stelle des einstigen Palais stehen heute Wohnhäuser und ein Jugendfreizeitzentrum.

Oben links: Die Ruine des Propagandaministeriums 1945, daneben eine Losung der Sowjets (ganz links): »Die Stärke der Roten Armee besteht darin, daß sie keinen Rassenhass gegen andere Völker, auch nicht gegen das deutsche Volk hegt und hegen kann, daß sie im Geiste der Gleichberechtigung aller Völker und Rassen, im Geiste der Achtung der Rechte anderer Völker erzogen ist.«

Rechte Seite unten: Das Jugendfreizeitzentrum ›Ikarus‹ und zwei Wohnhäuser stehen heute an der Stelle des einstigen Ordenspalais und späteren Propagandaministeriums. Am äußersten rechten Bildrand ist ein Stück vom Erweiterungsbau des Ministeriums aus den dreißiger Jahren zu erkennen

Rechts: Abtransport von Schutt vor dem Erweiterungsbau des Propagandaministeriums aus den dreißiger Jahren, 1948

Rechts außen: Vom Palais zur Grünfläche. 1986 erinnert nichts mehr an die einstige Residenz des Prinzen Karl

DER REICHSTAG

Das erste deutsche Parlament verdankte seine Existenz der Gründung des Deutschen Reichs im Jahr 1871, die im wesentlichen Otto von Bismarck vorangetrieben hatte. Er war auch federführend an der Ausarbeitung der Verfassung beteiligt, die dem Kanzler die unangefochtene Autorität zugestand. So verwundert es nicht, daß der Deutsche Reichstag in den ersten Jahrzehnten kaum Einfluß auf wichtige politische Entscheidungen des Reichs nehmen konnte. Ungeachtet zahlloser Sitzungen und heftiger Debatten hatten sich die Abgeordneten der Macht des Kanzlers und der Willkür des Kaisers zu beugen. Während der Jahre bis zum Beginn des Ersten Weltkriegs 1914 wurde nie ein Beschluß gegen den Kaiser durchgesetzt.

In den ersten zwölf Jahren kamen die Reichstagsabgeordneten zu ihren Sitzungen in einem Provisorium in der Leipziger Straße 4 zusammen. Zwar war schon 1872 ein internationaler Architektenwettbewerb für ein eigenes Gebäude ausgeschrieben worden, doch konnte man sich lange nicht über Baugestalt und Standort des Reichstags einigen.

Schließlich wurde ein Grundstück an der Nordostecke des Tiergartens für den von Paul Wallot entworfenen Neubau auserkoren. Am 9. Juni 1884 legte Kaiser Wilhelm I. den Grundstein für das Reichstagsgebäude am Königsplatz. Bis zur Fertigstellung des Baus und der Schlußsteinlegung durch Kaiser Wilhelm II. vergingen zehn Jahre. Die Kosten beliefen sich auf achtundzwanzig Millionen Mark. Das Resultat war ein prächtiger, wenn auch umstrittener Sandsteinbau im Stil der italienischen Renaissance, über dem sich eine mächtige, verglaste Kuppel erhob.

Als der Kaiser 1918 zur Abdankung gezwungen wurde und die Novemberrevolution den Weg für eine demokratische Entwicklung ebnete, erhielt auch die Volksvertretung die ihr gebührende Bedeutung.
Das Parlament der Weimarer Republik wurde zwischen 1919 und 1933 zu einer Institution demokratischer Machtausübung in Deutschland.

Links: Einer der prächtigen Lesesäle des Reichstags um 1920

Unten: Eine frühe Ansicht der Hauptfront von Paul Wallots Reichstagsgebäude am damaligen Königsplatz. Der mächtige Portalvorbau war in Breite und Form auf die hohe glasgedeckte Kuppel ausgerichtet

Im Zuge der Weltwirtschaftskrise und ihrer Folgen drängte Anfang der dreißiger Jahre Adolf Hitler auf die politische Bühne. Nur einen knappen Monat, nachdem er am 30. Januar 1933 zum Reichskanzler ernannt worden war, brannte am 27. Februar das Reichstagsgebäude vollständig aus. Noch am selben Abend beschuldigten die Nationalsozialisten die Kommunisten der Brandstiftung, und schon am 1. März erließen sie eine Notverordnung, die fast alle Zivil- und Grundrechte in Deutschland außer Kraft setzte. Wer tatsächlich den Brand gelegt hatte, ob es die Nationalsozialisten selbst waren, wie viele Zeitgenossen annahmen, ist bis heute nicht geklärt.

In den Jahren nach dem Reichstagsbrand stand das Gebäude leer. Die nur noch wenigen Parlamentssitzungen fanden gegenüber in der Kroll-Oper statt – von einem demokratischen Gremium jedoch konnte keine Rede mehr sein. Als sich der Reichstag am 23. März 1933 mit der Verabschiedung des Ermächtigungsgesetzes praktisch selbst aufgelöst hatte, lag die Gesetzgebung in den Händen der NSDAP.

Am 29. April 1945 wurde das alte Parlamentsgebäude im Zuge einer letzten, verzweifelten Schlacht Kampfschauplatz zwischen der Roten Armee und fanatischen deutschen Soldaten. Sie hatten sich im Keller verschanzt und leisteten erbitterten Widerstand, während die Russen rings um das Gebäude neunzig schwere Geschütze aufstellten und das Feuer

Oben: Die mit Graffiti sowjetischer Soldaten bedeckten Säulen des Reichstags am Eingangsportal, Juli 1945

Rechts: Die Hauptfront des Reichstags 1945. Der in den letzten Kriegstagen erbittert umkämpfte Bau wurde durch Geschosse stark beschädigt

eröffneten. Nur wenige Stunden später wehte die rote Fahne mit Hammer und Sichel über dem Hauptportal des Reichstags.

Zehn Jahre hatte es gedauert, den Reichstag zu bauen, doch sollte es vierzehn Jahre dauern, ihn zu restaurieren. Die Wiederaufbauarbeiten begannen 1957 und wurden 1971 abgeschlossen, hundert Jahre nach der Gründung des ersten Deutschen Reichstags. Unter der Leitung des Architekten Paul Baumgarten wurden die Innenräume im Stil der sechziger Jahre umgestaltet.

In den darauffolgenden zwanzig Jahren durften im modernisierten Reichstag zwar Ausschüsse des Bundestags und die Fraktionen tagen, dem Bundestag und dem Bundesrat selbst jedoch waren nach dem Viermächteabkommen Plenarsitzungen in Berlin verboten.

Ein Jahr nach der Wende beschloß der Bundestag 1991 in einer äußerst knappen Entscheidung, daß nicht mehr Bonn, sondern Berlin Hauptstadt des vereinigten Deutschlands sein solle.

Das Reichstagsgebäude war als Sitz des Deutschen Bundestags zunächst umstritten, da es für viele ein Symbol unrühmlicher deutscher Geschichte darstellte. Erst die künstlerische Aktion von Christo und Jeanne-Claude, die Reichstagsverhüllung im Sommer 1995, rückte das historische Gebäude wieder in ein anderes Licht. Tausende von Menschen strömten herbei, um den eindrucksvollen Anblick zu genießen und an dem einem riesigen Volksfest gleichenden Ereignis teilzuhaben.

Seit September 1999 finden nach einer Unterbrechung von sechsundsechzig Jahren die Plenarsitzungen des deutschen Parlaments wieder im Reichstag statt. Zuvor war er völlig entkernt und neu ausgebaut worden. Die gläserne Kuppel von Architekt Sir Norman Foster wurde an die Stelle der lange fehlenden Reichstagskuppel gesetzt. Im Innern der im Herbst 1998 fertiggestellten, siebenundvierzig Meter hohen Kuppel schraubt sich spiralförmig eine Besucherrampe empor. Vom Scheitelpunkt der Kuppel hängt ein Trichter aus Spiegeln herab, der zusätzlich Tageslicht in den darunterliegenden Plenarsaal reflektiert.

Die neue Glaskuppel verkörpert zugleich das Ideal der Demokratie: eine offene und transparente Regierung des Volkes.

Links: Der von dem Künstlerpaar Christo und Jeanne-Claude im Jahr 1995 verhüllte Reichstag

Linke Seite oben: Nach dem 1971 abgeschlossenen Wiederaufbau des Reichstags blieb dieser jahrelang ohne Kuppel

---

Unten: Der zwischen 1994 und 1999 von Sir Norman Foster umgebaute Reichstag. Die von ihm entworfene Kuppel ist deutlich kleiner als die ursprüngliche Version Wallots

ERNST-REUTER-PLATZ

Im achtzehnten Jahrhundert kreuzte diese Stelle ein ungepflasterter Sandweg, der das königliche Stadtschloß mit dem westlich gelegenen Schloß der Königin Sophie Charlotte verband. Doch während der Gründerzeit Ende des neunzehnten Jahrhunderts, als Berlin innerhalb weniger Jahre zur Millionenstadt anwuchs, wurde die ruhige Straße zu einer viel befahrenen Verbindungsstrecke zwischen dem Zentrum und den sich schnell ausdehnenden Vororten im Westen der Stadt. Unter dem »Knie«, wie der Platz an dem sonst schnurgeraden Verbindungsweg zwischen Stadtschloß und Charlottenburger Schloß genannt wurde, weil er hier einen charakteristischen Knick besaß, befand sich ein von dem Architekten Alfred Grenander im Jahr 1902 gebauter U-Bahnhof mit einem Eingang auf der Mittelinsel des Platzes.

Nach dem Ersten Weltkrieg beschloß die Stadtverwaltung die Einrichtung einer eigenen Polizeieinheit, die ausschließlich für die Organisation des Verkehrs zuständig war. Anders glaubte man die Menge der Horchs, Delages, Mercedes und Opel nicht mehr dirigieren zu können, die in immer größerer Zahl ins Stadtinnere strömten. Verstopfte Straßen und steigende Unfallzahlen waren die Folge.

Im Sommer stand nun ein weiß gekleideter Polizist in der Mitte des ›Knies‹ und schwenkte die Arme, um den Verkehr zu regeln. Im Winter wechselte er seine weiße Dienstkleidung gegen eine leuchtend blaue Uniform. Offenbar mochten ihn die Autofahrer: In der Weihnachtszeit legten sie Geschenkpäckchen mit Cognac und Zigarren zu seinen Füßen ab.

Mit der Überwindung der wirtschaftlichen Rückschläge, die Deutschland nach dem Ersten Weltkrieg verkraften mußte, nahm Mitte der zwanziger Jahre das Verkehrsaufkommen rund ums ›Knie‹ allmählich zu. Erst 1939, nach Beginn des Zweiten Weltkriegs, hatte diese Entwicklung ein Ende. Treibstoffmangel und die Requirierung von Fahrzeugen für militärische Zwecke reduzierten den privaten Autoverkehr beträchtlich.

Zigarren

Am 1. Mai 1945 wurden der Platz und die Bauten stark beschädigt, als sich deutsche Truppen in einem letzten sinnlosen Versuch, den Gegner zurückzuschlagen, ein Artillerieduell mit der 219. sowjetischen Panzerbrigade lieferten.

1953 erhielt das ›Knie‹ einen neuen Namen. Zu Ehren des verstorbenen ersten Bürgermeisters von West-Berlin hieß der Platz nun Ernst-Reuter-Platz.

Zur gleichen Zeit begann man mit stadtplanerischen Überlegungen zur Umgestaltung Berlins, in die auch der Ernst-Reuter-Platz und die ihn umgebenden Trümmerfelder einbezogen waren. In jenen Jahren favorisierten die Architekten Modelle einer ›aufgelockerten Stadt‹ mit modernen Bauten. Das nahegelegene Hansaviertel, 1953 entworfen und Kernstück der Internationalen Bauausstellung Berlin 1957, war ein Schritt in diese Richtung.

Im selben Jahr schrieben die Bundesregierung und der West-Berliner Senat unter dem Titel »Hauptstadt Berlin« einen internationalen Wettbewerb für die Entwicklung eines Generalplans zur Stadterneuerung aus. Er sollte das Areal zwischen dem Großen Stern im Tiergarten und dem Alexanderplatz in Ost-Berlin umfassen. Architekten und Stadtplaner aus der ganzen Welt waren eingeladen, Entwürfe einzureichen, in denen »Visionen der Einheit und visuellen Geschlossenheit eines vereinten Berlin als Hauptstadt« zum Ausdruck gebracht werden sollten. Sowohl die Tatsache, daß die eine Hälfte Berlins unter sowjetischer Verwaltung stand als auch der Umstand, daß der letzte Versuch, einen gemeinsamen Plan zur Stadtentwicklung zu erstellen, neun Jahre zuvor gescheitert war, wurden ignoriert.

Im Rahmen des Wettbewerbs reichten die Architekten zahlreiche avantgardistische Entwürfe ein, die zum Teil ungewöhnliche Dimensionen annahmen und äußerst umstritten waren. So sah zum Beispiel der Beitrag von Le Corbusier eine Schlucht aus Wolkenkratzern amerikanischen Stils vor, darunter das fünfundsechziggeschossige ›Haus der Bürokratie‹.

Einen Eindruck davon, wie die geplante, aber nicht in Gänze verwirklichte ›neue Stadt‹ hätte aussehen können, vermitteln die Hochhäuser um den Ernst-Reuter-Platz noch heute. Um die Strenge des Platzes aufzulockern, wurde 1960 auf der Verkehrsinsel nach dem Entwurf von Werner Düttmann ein Wasserbecken mit einundvierzig Fontänen errichtet. 1993 stellte die Stadt das Wasser aus Kostengründen ab. Infolge des Engagements von Edzard Reuter, dem Sohn des ersten Regierenden Bürgermeisters, begann der Springbrunnen 1999 wieder zu sprudeln.

Vorhergehende Doppelseite: In diesem Gebäude aus der Vorkriegszeit am Rande des ›Knies‹ (heute Ernst-Reuter-Platz) hatte ursprünglich die Deutsche Petroleum AG ihren Sitz

---

Oben rechts: Das Gebäude am ›Knie‹ nach dem Zusammenbruch des ›Dritten Reichs‹. Im Vordergrund eine der von Albert Speer entworfenen Straßenlampen – das einzige Design von Hitlers Generalbauinspektor, das den Krieg überdauerte, heute noch zu finden an der Straße des 17. Juni

Unten rechts: Blick auf den Platz aus derselben Perspektive wie vor dem Krieg. Der Altbau der Technischen Universität (ganz links) steht noch. In der Mitte das Institut für Bergbau, 1955–1959 von Willy Kreuer erbaut

BRANDENBURGER TOR

Zwischen 1734 und 1738 ließ König Wilhelm I. eine Akzisemauer um Berlin errichten, um einerseits den Zollbetrug einzudämmen und andererseits die Desertion von Soldaten seiner Garnison zu verhindern. Zur Mauer gehörten vierzehn einfache Stadttore, an denen Gebühren von ankommenden Personen und Warenzoll kassiert wurden. Das am Ende der Straße Unter den Linden stehende Zollhaus im barocken Stil nannte man Brandenburger Tor.

Das berühmte Baudenkmal, das zum Wahrzeichen Berlins geworden ist, wurde fünfzig Jahre später auf Anweisung Friedrich Wilhelms II. errichtet. Von Carl Gotthard Langhans 1791 nach dem Vorbild der Propyläen auf der Akropolis von Athen gestaltet, vermittelte das Tor dem Besucher, der sich der Stadt von Westen her näherte, den Eindruck klassischer Erhabenheit. Damals erstrahlte der getünchte Sandsteinbau wie antiker Marmor in blendendem Weiß. Erst 1956 wurde im Zuge eines Rekonstruktionsprojekts der zur Erbauungszeit als wenig edel geltende Sandstein freigelegt, der heute noch das Bild prägt.

Im Jahr 1794 wurde auf das Dach über den zwölf dorischen Säulen die von Johann Gottfried Schadow geschaffene Göttin mit ihrem Wagen gesetzt, der »Triumph des Friedens«. Doch schon 1806 holten die napoleonischen Truppen die Quadriga vom Tor und verschleppten die Kriegsbeute nach Paris. Als sie nach dem Sieg über Napoleon 1814 wieder nach Berlin zurückgekommen war, versah Karl Friedrich Schinkel die Göttin mit einem neuen Stab, geschmückt mit dem preußischen Adler und dem von Schinkel entworfenen Eisernen Kreuz.

Von nun an sah man sie als die Siegesgöttin Victoria. Der Platz vor dem Tor erhielt in Erinnerung an die Befreiungskriege den Namen Pariser Platz.

Das von Langhans gestaltete Tor, vom Pariser Platz aus gesehen im Jahr 1940

Linke Seite oben: Das Brandenburger Tor 1941, von Osten gesehen. Das Bauwerk wurde von dem schlesischen Baumeister Carl Gotthard Langhans auf Befehl Friedrich Wilhelms II. entworfen und 1791 fertiggestellt

---

Unten: Blick auf das Brandenburger Tor aus der Richtung des Reichstags, 1934. Im Gebäude links des Tores wohnte Max Liebermann

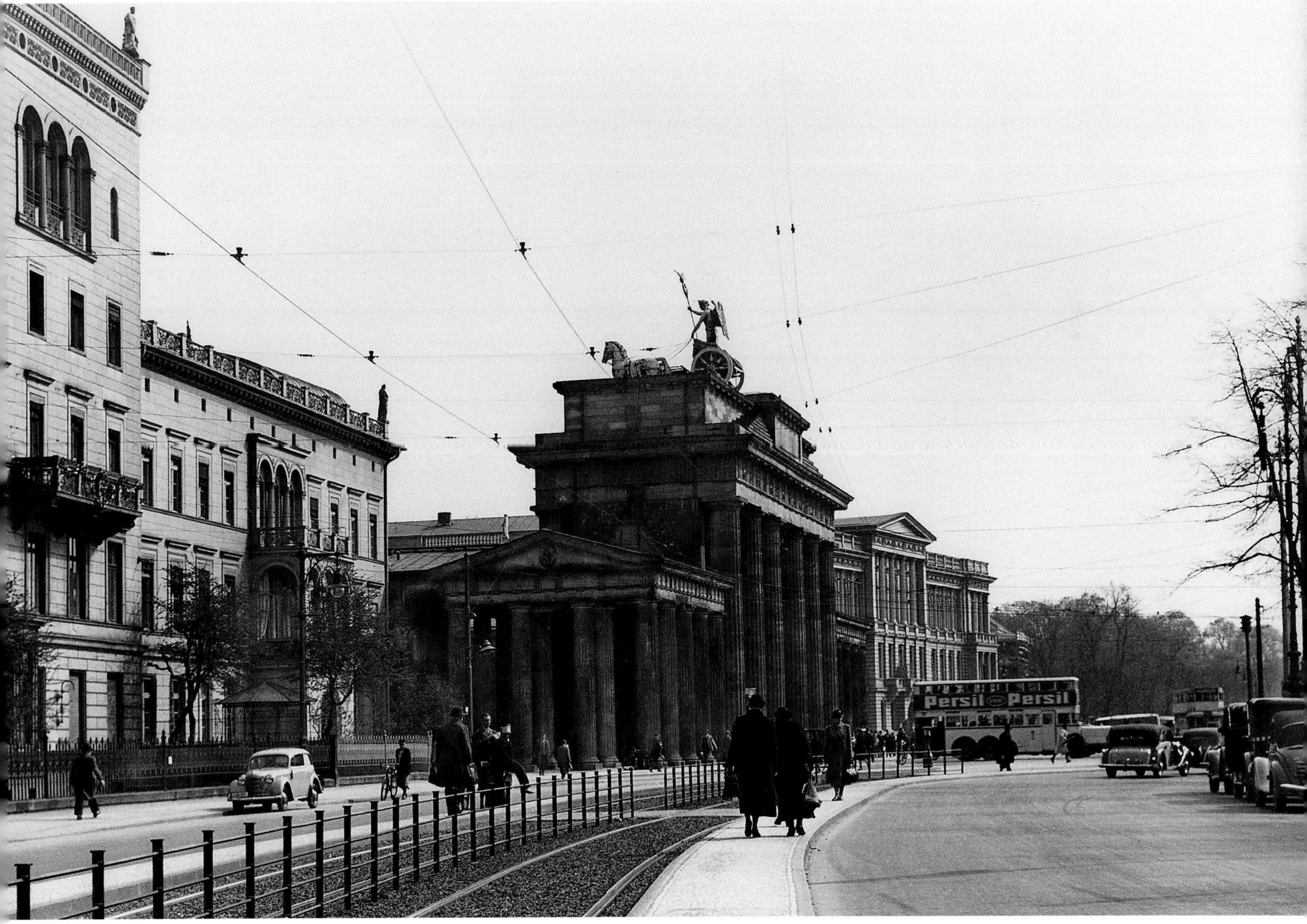

Rechts: Blick in Richtung Westen, am 7. Juli 1945. Die beschädigte Quadriga auf dem Tor sollte bald von sowjetischen Soldaten heruntergeholt und durch die rote Fahne ersetzt werden

Nach dem Abriß der alten Zollmauer Mitte des neunzehnten Jahrhunderts verlor das Bauwerk von Langhans seine ursprüngliche Funktion als Stadttor und diente von nun an in erster Linie repräsentativen Zwecken. Es wurde Mittelpunkt zahlloser Militäraufzüge, königlicher Paraden und anderer öffentlicher Zeremonien.

Während des Zweiten Weltkriegs erlitt das Tor erhebliche Schäden durch Bombeneinschlag. Das Kupferdach hatte man abmontiert, und von der Quadriga existierten im Mai 1945 nur noch Fragmente. Die ersetzten die sowjetischen Besatzer dann auch bald durch eine rote Fahne.

1956 wurde das Tor im Auftrag des Ost-Berliner Magistrats restauriert. Von West-Berlin erbat er die 1942 von der Quadriga abgenommenen Gipsabdrücke, um ein Replikat herstellen zu können. Der Berliner Senat jedoch ließ die Skulptur Schadows selbst nachbilden. Die fertige Quadriga wurde am 1. August 1958 auf der Westseite des Tores abgestellt. Erst in der Nacht ließ der Ost-Berliner Magistrat sie von Arbeitern abholen. Im Lauf des folgenden Tages kehrte die Quadriga an ihren Platz auf dem Tor zurück – jedoch erst, nachdem man das Eiserne Kreuz und den preußischen Adler aus dem Lorbeerkranz der Göttin herausgesägt hatte.

Drei Jahre später, am 13. August des Jahres 1961, versammelten sich mehr als fünftausend Berliner am Brandenburger Tor, um zuzusehen, wie DDR-Baubrigaden eine Reihe von Betonpfählen entlang der westlichen Seite des Bauwerks in den Boden ließen. Unter Aufsicht von Einheiten der Nationalen Volksarmee und der Volkspolizei begannen die Baubrigaden zwischen den Pfosten Rollen von Stacheldraht auszulegen und errichteten so das erste Provisorium der Berliner Mauer.

Links: Das ›Quarré‹ des Pariser Platzes hinter dem Brandenburger Tor im Mai 1945

Anläßlich des Berlin-Besuchs von John F. Kennedy im Juni 1963 ließ der West-Berliner Senat ein erhöhtes Podium am Brandenburger Tor bauen. Der amerikanische Präsident sollte über die Mauer schauen können. Prompt verhängte die DDR-Regierung den Durchblick mit einem riesigen roten Banner, das sie zwischen den Säulen anbringen ließ.

Während der nächsten sechsundzwanzig Jahre kamen unzählige Besucher nach Berlin und besichtigten das abgeriegelte Tor. Die Doppeldeckerbusse der Berliner Stadtrundfahrten warteten mit laufendem Motor auf der Tiergarten-Seite des Tores, so daß die Touristen Gelegenheit hatten, einen Blick in den Osten zu erhaschen. Zur gleichen Zeit machten Staatsoberhäupter, die gerade in der DDR zu Besuch waren, vom Pariser Platz aus Schnappschüsse von der anderen Seite des Tores.

Der Mauerfall am 9. November 1989 war das Signal für das Ende der deutschen Teilung und letztlich auch für das Ende des Kommunismus. Sechs Wochen später schritt der damalige Bundeskanzler Helmut Kohl im Regen durch das soeben geöffnete Brandenburger Tor, um seinen DDR-Amtskollegen Hans Modrow zu begrüßen. Ihren Worten der Versöhnung folgte bald das Hämmern tausender ›Mauerspechte‹, die mit ihren zahllosen Meißeln in kurzer Zeit auch noch den letzten Graffito aus der einst so bedrohlichen Mauer um das Brandenburger Tor herausklopften.

Oben links: Die Quadriga vor der Wiederaufstellung auf dem Tor im Sommer 1958

Oben rechts: Das zweite Pferd der Quadriga wird auf das Tor gehoben. Vom Kranz der Göttin hatte man Eisernes Kreuz und Adler entfernt

Links: Zu beiden Seiten des Tores die 1998 von Architekt Josef Paul Kleihues gebauten Häuser ›Sommer‹ (links) und ›Liebermann‹ (rechts)

Unten: Das Brandenburger Tor von Norden. Links das ›Palais am Pariser Platz‹ und das ›Haus Liebermann‹. Volumen und Gliederung der Neubauten sind an den im Krieg zerstörten Vorgängerbauten aus dem neunzehnten Jahrhundert ausgerichtet

NEUE WACHE

Nach dem Sieg über Napoleon befand König Friedrich Wilhelm III., die Zeit sei nun gekommen, die zum Stadtschloß führende Allee Unter den Linden zu einer »via triumphalis« ausbauen zu lassen. Einer seiner ersten Befehle in dieser Angelegenheit galt der Errichtung eines neuen Hauptquartiers für die königliche Wache. Das neue Gebäude sollte zugleich als Erinnerungsstätte an die Befreiungskriege dienen.

Den Auftrag für das prestigeträchtige Bauvorhaben erhielt ein aufstrebender Baumeister aus Neuruppin, Karl Friedrich Schinkel; es war der erste größere Auftrag für den Vierunddreißigjährigen.

Bevor die Bauarbeiten jedoch beginnen konnten, mußte auch das Areal ringsum verändert werden. Mit dem längst überflüssig gewordenen, verschlammten und übelriechenden Festungsgraben und einer Ansammlung von Trödelbuden unter den Kastanien neben der alten Kanonierwache paßte die Gegend nicht zur repräsentativen Lindenallee. Schinkel ließ das modrige Gewässer, von den Berlinern wegen seiner Entengrütze Grüner Graben genannt, zum Teil überdecken, die alte Wache abreißen und im Kastanienwäldchen einen Platz für das neue Wachgebäude anlegen.
Die Neue Wache, ein nahezu quadratisches Gebäude, das der Form eines römischen Castrums folgt, wurde 1818 fertiggestellt. In der Verbindung des wehrhaft geschlossenen Backsteinmauerwerks mit einer offenen Säulenhalle aus zwei Reihen je sechs dorischer Säulen und einem Giebelfeld entstand eines der gelungensten Bauwerke des deutschen Klassizismus.

Seit 1822 wurde der Bau durch die von Schinkel geplanten und von Christian Daniel Rauch geschaffenen Statuen der preußischen Generäle Gerhard Johann David von Scharnhorst und Friedrich Wilhelm Graf Bülow von Dennewitz flankiert.

Linke Seite: Der 1931 von Heinrich Tessenow umgestaltete Innenraum der Neuen Wache mit einem schwarzen Granitquader unter dem offenen Oberlicht

Unten: Karl Friedrich Schinkels Neue Wache im klassizistischen Stil, zwischen 1816 und 1818 für die Palastgarde Friedrich Wilhelms III. errichtet, 1930

Die kleine Grünanlage zwischen Zeughaus und Universitätsstraße wurde nach der Umgestaltung durch Schinkel zu einem beliebten Treffpunkt der Berliner. Unter den schattenspendenden Bäumen erholten sich die Studenten der benachbarten Universität zwischen den Vorlesungen, spielten die Kinder »Räuber, Wanderer und Stadtsoldaten«, wie es der Schriftsteller Karl Gutzkow erzählte, und am Abend trafen sich die Liebespaare zu einem Stelldichein im Kastanienwäldchen.

Die Wache diente genau hundert Jahre lang als Erinnerungsstätte und Wachhaus. Nach der Abdankung Kaiser Wilhelms II. im November 1918 verlor das Gebäude seine Funktion und stand mehrere Jahre leer, bis es 1931 zu einem Mahnmal für die Opfer des Ersten Weltkriegs umgestaltet wurde. An Stelle des ursprünglichen Innenhofs schuf Heinrich Tessenow einen großen Ehrensaal mit einem runden Oberlicht. Einziger Gegenstand in diesem schlichten Raum war ein über eineinhalb Meter hoher schwarzer Granitquader mit einem Eichenlaubkranz aus Gold und Silber unter dieser runden Öffnung.

Die nationalsozialistischen Machthaber widmeten das Gebäude später zum ›Reichsehrenmal‹ um. Einmal im Jahr versammelten sich hier hochrangige Militärs und Funktionäre anläßlich der Feiern zum Heldengedenktag. Zum letzten Mal beging man ihn am 11. März 1945, als einige versprengte hochgestellte Nazis und Wehrmachtsangehörige hier noch einmal zusammenkamen.

Beschädigt vom Granatfeuer der Roten Armee, entging die Schinkelsche Wache nach dem Zweiten Weltkrieg nur knapp der vollständigen Zerstörung. Der Generaldirektor der Museen im sowjetisch besetzten Sektor Berlins forderte den unverzüglichen Abriß des Mahnmals mit der Begründung, daß die Existenz eines von den Nazis kultivierten Ehrenmals unmittelbar vor dem Haus der sowjetischen Kultur eine Unmöglichkeit sei. (In dem friderizianischen Bau hinter dem Kastanienwäldchen war das Haus der sowjetischen Kultur, später, zu DDR-Zeiten, Zentralhaus der Gesellschaft für Deutsch-Sowjetische Freundschaft, untergebracht.) Prominente Mitglieder der sozialistischen Jugendorganisation FDJ vertraten dieselbe Auffassung. Trotz ihres Drängens aber blieb das Gebäude.

1950 beschloß der Ost-Berliner Magistrat den Wiederaufbau der Neuen Wache als Mahnmal für die Opfer des Faschismus und Militarismus, der 1960 abgeschlossen wurde. 1969 erfolgte die Umgestaltung des Innenraums. Den beschädigten Granitquader Tessenows ersetzte ein

Die Neue Wache am 8. Juli 1945. Russische Hinweisschilder zeigen die Richtung zum Reichstag, nach Potsdam und nach Nauen an

РЕЙХСТАГ
ПОТСДАМ
НАУЭН

Oben links: Die Nationale Volksarmee der DDR marschiert im März 1966 an der Neuen Wache vorbei. 1960 hatte die DDR das Gebäude zum Mahnmal für die Opfer des Faschismus und Militarismus erklärt

Oben rechts: Das Mahnmal nach der Umgestaltung Anfang der neunziger Jahre. Die Dachöffnung nach dem Vorbild Tessenows wurde wieder eingerichtet; durch sie fällt das Licht auf die vergrößerte Kopie einer Plastik von Käthe Kollwitz

Kristallprisma mit ›Ewiger Flamme‹ vor den Gräbern des Unbekannten Widerstandskämpfers und des Unbekannten Soldaten.

Es schien wie eine Rückkehr zu den Traditionen der Kaiserzeit, als am Eingang des Mahnmals wiederum Soldaten nach Art des militärischen Drills von Preußen Wache hielten. Noch bis zur Auflösung des Wachregiments ›Friedrich Engels‹ im September 1990 vollzogen die Soldaten regelmäßig im Stechschritt ihre pompöse Ablösung der Posten vor dem Gebäude.

In der Folge der deutschen Vereinigung wurde die Neue Wache erneut umgebaut, nachdem der damalige Bundeskanzler Helmut Kohl entschieden hatte, ein neues Mahnmal zu schaffen – ein Mahnmal für die Opfer von Krieg und Gewaltherrschaft. Für den Innenraum wurde die Skulptur »Mutter« nach einem Werk von Käthe Kollwitz ausgewählt. Die Künstlerin hatte diese Kleinplastik 1937 geschaffen, die als vergrößerte Bronzekopie den zentralen Ort des Innenraums bildet. Vor der Neuen Wache sind heute Soldaten der Bundeswehr postiert.

Links: Eine Innenansicht der Neuen Wache aus dem Jahr 1972. Erst 1969 war der im Krieg zerstörte Innenraum restauriert worden

*Unten: Die Neue Wache Unter den Linden im Jahr 2000.
Seit Anfang der neunziger Jahre dient
Schinkels Bau als Mahnmal für die Opfer von Krieg
und Gewaltherrschaft*

KEMPERPLATZ

Oben links: Die Siegesallee 1901. Spaziergänger betrachten ein Standbild des Markgrafen Albrecht II.

Oben rechts: Der Kemperplatz mit der Ruine des Rolandbrunnens im Jahr 1945. Rechts im Bild ein Flakgeschütz, dahinter der Reichstag

Wenn man heute an der Straßenkreuzung steht und die Autos auf der Tiergartenstraße und dem Zubringer zur B 96 entlangfahren sieht, kann man sich kaum vorstellen, welche Ruhe einst auf dem Kemperplatz geherrscht haben mag.

Seinen Namen erhielt der Platz nach dem Kemperhof, einem Kaffeehaus, das 1725 an dieser Stelle eröffnet wurde. Es war das älteste jener zahlreichen Etablissements, in denen die Berliner auf dem Weg ins Grüne, am Rande des Tiergartens Kaffee, Schokolade und Wein trinken konnten.

Um 1850 wurden die letzten freien Bauplätze in diesem ruhigen Teil der Stadt von vermögenden Berlinern erworben. Binnen weniger Jahre entstanden zahlreiche Villen, und das noble Viertel wurde bald ›Geheimratsviertel‹ genannt. Die Familie Oppenheim und andere Bankiers-Dynastien wie die Rothschilds und die Fürstenbergs lebten in dieser grünen Umgebung in der Nachbarschaft von Professoren, Künstlern und hochrangigen Regierungsbeamten. Die Gebrüder Grimm wohnten eine Zeitlang in der nahen Lennéstraße; Karl Marx logierte bei seinem Besuch in Berlin im Jahr 1861 nur einen Steinwurf entfernt.

Gegen Ende des neunzehnten Jahrhunderts wurde auf Befehl Kaiser Wilhelms II. vom Kemperplatz in Richtung Norden eine breite, siebenhundertfünfzig Meter lange Prachtallee durch den Tiergarten angelegt – die Siegesallee. Der Kaiser ließ am Rand dieser Straße zweiunddreißig Skulpturen der brandenburgisch-preußischen Herrscher aufstellen – von Markgraf Albrecht dem Bären bis Kaiser Wilhelm I. –, flankiert von Büsten der bedeutendsten Berater und Zeitgenossen. Vom Berliner Volksmund wurde die Straße »Puppenallee« getauft.

Einige Jahre darauf wurde der Kemperplatz mit Blumenrabatten und einem Springbrunnen mit dem Rolandstandbild ausgestattet.
Die 3,75 Meter hohe Figur aus rotem Granit wurde 1902 im Auftrag Wilhelms II. von dem Bildhauer Otto Lessing geschaffen.

Oben: Der Kemperplatz und der Roland-brunnen 1938, Blick vom Tiergarten in Richtung Süden auf die Tiergartenstraße

---

Unten: Der Kemperplatz aus der entgegen-gesetzten Richtung 1940, mit Blick in Richtung Norden auf den gerodeten Tiergarten. Links neben dem Hinweisschild auf den britischen Sektor die Siegesallee

Nach dem Ersten Weltkrieg flohen die wohlhabenden Bewohner des Viertels nach und nach vor dem zunehmenden Lärm und dem Verkehr in die ruhigeren Gegenden im neuen Westen der Stadt. Viele ihrer Villen wurden von ausländischen Regierungen gekauft, die repräsentative Häuser für ihre diplomatischen Vertretungen nahe dem Zentrum suchten. So wurde aus dem ›Geheimratsviertel‹ in den dreißiger Jahren ein Botschaftsviertel, das 1937 den offiziellen Namen ›Diplomatenviertel‹ erhielt.

Hätte Hitlers Generalbauinspektor für Berlin, Albert Speer, seine Planungen für die ›Reichshauptstadt Germania‹ realisieren können, so würde heute der Kemperplatz nicht mehr existieren. Die kaiserliche Siegesallee sollte für die geplante Nord-Süd-Achse erweitert, das Rolandstandbild entfernt werden. Gigantische Regierungsgebäude und imposante Sitze von führenden Unternehmen des ›Tausendjährigen Reichs‹ waren hier geplant, und die Abrisse hatten bereits begonnen.

Nach dem Zweiten Weltkrieg war vom Kemperplatz nicht mehr viel übrig, die Rolandfigur glich einem Torso. Den Statuen entlang der Siegesallee ging es nicht besser. Das verstümmelte Heldenstandbild von Lessing wurde samt Brunnen ein für allemal fortgeräumt, auch die Skulpturen der Siegesallee waren in Gefahr. Der Magistrat von Berlin beschloß 1947 ihren Abriß. Die Standbilder sollten ins Museum, durch die Teilung kam es aber nicht dazu. Sie wurden an verschiedenen Orten gelagert, unter anderem am Schloß Bellevue. 1954 wollte man sie dann zerstören, jedoch ließ der damalige Landeskonservator Hinnerk Scheper die Figuren eigenmächtig im Garten von Schloß Bellevue vergraben. 1979 wurden die Standbilder ausgegraben und in einem Gebäude am Halleschen Ufer untergebracht, das 1876 als Berlins erstes Abwasserpumpwerk in Betrieb genommen worden war. Bis zum heutigen Tage beherbergt das alte Pumpwerk – wegen seines neuen Zwecks Lapidarium genannt – die Statuen der Siegesallee. Sie teilen sich den Platz mit anderen Denkmalen, die von ihren Standorten in der Stadt entfernt und dort durch Kopien ersetzt wurden.

Von dem ursprünglichen Kemperplatz ist nichts geblieben als der Name. Die Parkanlagen und der Springbrunnen sind längst einer Straßenkreuzung gewichen, und die Siegesallee ist heute nur noch ein schmaler gerader Weg durch den Tiergarten, der zum Sowjetischen Ehrenmal führt.

Heute befindet sich auf dem Platz der Zubringer zum neuen Tunnel der B 96, der 2,4 Kilometer unter dem Tiergarten und unter der Spree verlaufen wird. Durch die neue Verkehrsführung wird der Tiergartenpark nicht mehr von der verkehrsreichen Entlastungsstraße durchschnitten. Sie war in den sechziger Jahren gebaut worden, weil zahlreiche Verbindungen in Nord-Süd-Richtung nach dem Bau der Berliner Mauer unterbrochen waren. Die Entlastungsstraße wird zurückgebaut und in die Grünanlagen des Tiergartens integriert.

Linke Seite: Marmorstatuen Kaiser Wilhelms I. und der Markgrafen Johann II. und Otto II. von Brandenburg neben dem Schloß Bellevue, 1950

Unten: Der Kemperplatz als Baustelle im Jahr 2000. Hinter dem Zaun führt eine Rampe hinab zum neuen Tunnel der B 96, der unter dem Tiergarten verlaufen wird

GENDARMENMARKT

Der Gendarmenmarkt erhielt seinen Namen nach dem Regiment »Gens d'Armes«, für das der Soldatenkönig Friedrich Wilhelm I. im achtzehnten Jahrhundert an diesem Ort Pferdeställe errichten ließ. Schon zu Beginn des Jahrhunderts waren hier die Zwillingskirchen von der expandierenden lutherischen und der französisch-reformierten Gemeinde errichtet worden. Sie beherrschen die Nord- und die Südseite des Platzes. Achtzig Jahre später erhielten die Französische und die Deutsche Kirche identische repräsentative Vorbauten mit den beiden Türmen nach einem Entwurf von Karl von Gontard.

An der Westseite des Platzes erhebt sich das Schauspielhaus, am ehemaligen Standort des ›Französischen Comödienhauses‹, das 1703 zur Unterhaltung des preußischen Adels errichtet worden war. Es wurde 1802 durch einen Theaterneubau nach Plänen von Carl Gotthard Langhans ersetzt, der jedoch schon 1817 bis auf die Grundmauern niederbrannte. Der Schaden war immens: Unter anderem wurden sämtliche Kulissen für E. T. A. Hoffmanns Oper »Undine« und für Mozarts »Zauberflöte« ein Raub der Flammen. Die Feuersbrunst griff sogar auf umliegende Gebäude über und gefährdete die Wohnung E. T. A. Hoffmanns in der Charlottenstraße 56.

Die zerstörten Bühnenbilder waren ein Werk Karl Friedrich Schinkels. Er bekam auch den Auftrag für die Errichtung eines größeren und weniger brandgefährdeten Schauspielhauses, bei dessen Entwurf er sich stilistisch an der griechischen Antike orientierte. Das Gebäude schmückte eine majestätische Fassade mit Pilastern und hohen Fenstern, durch die

Ansicht des Gendarmenmarkts 1939 mit Blick in Richtung Norden auf den Französischen Dom. Links im Bild das 1821 eröffnete Schauspielhaus von Schinkel

Rechts: Der Gendarmenmarkt nach dem Krieg. Im Vordergrund sind die verbrannten Überreste deutscher Panzer zu erkennen

möglichst viel natürliches Licht in das Innere gelangen sollte. Als das Theater 1821 eröffnet wurde, zeigte sich das Publikum von Schinkels künstlerischer und architektonischer Gestaltung begeistert. Entstanden war ein Bauwerk von außerordentlicher Harmonie, das zugleich dem Gendarmenmarkt seine Vollendung gab.

Das Schauspielhaus entwickelte sich schnell zu einem beliebten Aufführungsort für Konzerte, Theaterstücke und Opern. Die lang andauernde Vorherrschaft der italienischen Oper wurde gebrochen, als hier 1821 »Der Freischütz« von Carl Maria von Weber seine Uraufführung erlebte. Berlin bejubelte das Werk, und überall in der Stadt ertönte in diesem Sommer die Melodie aus dem der Gesang der Brautjungfern »Wir winden dir den Jungfernkranz«.

Bis ins zwanzigste Jahrhundert hinein bestimmten in dem staatlichen Schauspielhaus in erster Linie klassische Dramen den Spielplan.

1927 stand in Max Reinhardts Inszenierung »Der Widerspenstigen Zähmung« unter anderem eine junge Schauspielerin mit dem Namen Maria Magdalena von Losch auf der Bühne. Die sechsundzwanzigjährige Berlinerin, die besser unter dem Namen Marlene Dietrich bekannt ist, sollte in nur wenigen Jahren zum vergötterten Filmstar werden.

1934 berief Hermann Göring Gustaf Gründgens zum Intendanten des Schauspielhauses. Bis zum Ende des Zweiten Weltkriegs stand er an der Spitze des Staatstheaters, dessen Spielbetrieb er trotz der politischen Entwicklung und der verstärkten Bombenangriffe bis 1945 aufrechterhielt. Bei einem jener Angriffe, am 16. Dezember 1943, wurde das Theater von Brandgeschossen getroffen, die den hölzernen Dachstuhl und die

Links: Die brennende Kuppel des Französischen Doms nach einem Luftangriff im Jahr 1943

Parkettböden in Flammen aufgehen ließen. Doch wurde der Hauptsaal bald wiederhergestellt und der Theaterbetrieb erneut aufgenommen. Auch nach den schweren Schäden durch die Luftangriffe im Juli 1944 fanden in den Räumen des Schauspielhauses noch bis in die letzten Tage der Schlacht um Berlin hinein Rezitations-, Gesangs- und Orchesterabende statt. Am Ostersonntag 1945, als die Russen nur noch einige Häuserblocks entfernt lagen, spielten die Berliner Philharmoniker im teilweise zerbombten Schauspielhaus Musik aus Giuseppe Verdis »Aida«.

Nach Kriegsende gehörte der Gendarmenmarkt zum sowjetischen Sektor Berlins, und die nächsten dreißig Jahre ragten die Ruinen der Zwillingskirchen und von Schinkels Schauspielhaus über einen zerstörten, unbelebten Platz. In den Ritzen der bröckelnden Giebel wurzelten Bäume, die teilweise zu einer beeindruckenden Größe heranwuchsen.

Erst 1976 wurde mit den systematischen Restaurierungsarbeiten am Schauspielhaus begonnen, die sich über Jahre hinziehen sollten. Schließlich wurde das Gebäude 1984 als reines Konzerthaus wiedereröffnet.

Viele ausgezeichnete Konzerte sind dort nach der Restaurierung aufgeführt worden, doch war wohl kaum eines so bewegend wie jenes am Abend des 2. Oktober 1990. Es war der letzte Tag der DDR, und die Regierung des ›Arbeiter- und Bauernstaates‹ trat im Konzerthaus zu ihrem letzten Festakt zusammen. Lothar de Maizière, der erste und letzte demokratisch gewählte Ministerpräsident der DDR, stand vor einem vollen Haus auf der Bühne und sagte: »In wenigen Augenblicken tritt die Deutsche Demokratische Republik der Bundesrepublik Deutschland bei. Dies ist eine Stunde großer Freude. Dies ist das Ende vieler Illusionen. Dies ist ein Abschied ohne Tränen.« Nach diesen Worten erhob sich Kurt Masur, eines der populärsten Mitglieder der Bürgerrechtsbewegung der DDR, und dirigierte die Neunte Sinfonie von Beethoven, gespielt vom Leipziger Gewandhausorchester.

Linke Seite: Der Deutsche Dom am damaligen Platz der Akademie wird 1986 restauriert

Unten: Heute hat das Bauensemble am Gendarmenmarkt wieder die gleiche Gestalt wie 1939. Im Französischen Dom befindet sich seit 1984 das Hugenottenmuseum, im Deutschen Dom seit 1996 die Ausstellung »Fragen an die Deutsche Geschichte«

TIERGARTEN

Rechte Seite: Die Löwenbrücke von Christian Friedrich Tieck. Die Fußgängerbrücke stammt aus dem Jahr 1838, als Peter Joseph Lenné begonnen hatte, den Tiergarten im englischen Stil zu gestalten

Unten: Ein Ritt durch den Tiergarten war auch noch im zwanzigsten Jahrhundert bei der Berliner Oberschicht beliebt, 1933

Nach dem Abschmelzen der letzten Eiszeitgletscher wuchsen zwischen den Urstromtälern mit ihren zahlreichen Seenketten, die noch heute die berlin-brandenburgische Landschaft prägen, fruchtbare Wiesen und Wälder – ein ideales Gelände für eine reiche Fauna. Schon vor fünfzigtausend Jahren besiedelten Jäger dieses Land. Wahrscheinlich kannten auch sie schon die Jagdgründe südlich der Spree zwischen der heutigen Jägerstraße und Charlottenburg, die Mitte des zweiten Jahrtausends zum exklusiven Jagdrevier der Hohenzollernfürsten wurden.

Die Grenzen des ›Tiergartens‹, ein eingezäuntes Gehege mit heimischem Wildbestand, wurden nach 1465 exakt festgelegt. Hohe Geldbußen mußten jene zahlen, die es wagten, auf dem Besitz der Hohenzollern zu wildern. Ende des sechzehnten Jahrhunderts kostete den auf frischer Tat ertappten Wilderer ein erlegtes Kaninchen fünfzig Taler Strafe, ein geschossener Hirsch gar fünfhundert Taler – damals eine für den Bürger unbezahlbare Summe.

Ende des siebzehnten Jahrhunderts ließ Kurfürst Friedrich III. (ab 1701 König Friedrich I.) im Stil eines barocken Jagdparks sternförmige Schneisen und Alleen anlegen. Auch die Allee zu dem neu errichteten Schloß Lietzenburg (später Charlottenburg) führte durch den Tiergarten. 1742 ließ Friedrich der Große den alten Plankenzaun entfernen und beauftragte seinen Baumeister Georg Wenzeslaus von Knobelsdorff mit der Gestaltung des ersten öffentlichen Parks im Tiergarten. Hier konnten nun die Berliner in einem Netz barocker Alleen promenieren. Es entstanden Labyrinthe, Salons und Cabinette. Den Großen Stern, auf dem heute die Siegessäule steht, schmückten eine doppelte Allee und Statuen – von den Berlinern ›Puppen‹ genannt.

Von der Schönheit der Anlage eingenommen, baute Knobelsdorff für sich selbst ein Haus im Tiergarten. Prinz August Ferdinand, der Bruder Friedrichs des Großen, ließ zwischen 1785 und 1790 an eben dieser Stelle den frühklassizistischen Bau des Schlosses Bellevue errichten.

Am nördlichen Rand des Parks entstand ein beliebter Ausflugsort, wo in Zelten Limonade, Dünnbier und andere Erfrischungen ausgeschenkt wurden. Später lösten diese Sommerwirtschaften Gasthäuser mit Namen wie »Zum ewigen Zelte« oder der »Hofjäger« am südlichen Rand des Tiergartens ab. Der »Hofjäger« hatte zuvor als Gehöft des königlichen Wildhüters gedient und lag in einem idyllischen Winkel neben dem Landwehrgraben am Ende der heutigen Tiergartenstraße.

Die Anlage des Tiergartens, wie sie sich dem Spaziergänger von heute zeigt, entstand nach Entwürfen des Gartenarchitekten Peter Joseph Lenné. Insgesamt war Lenné etwa fünfzehn Jahre mit der Umwandlung des Tiergartens in einen Landschaftspark nach englischem Vorbild beschäftigt. 1832 wurde mit der Trockenlegung der Böden begonnen. Lichtungen, Wege und Wasserläufe wurden geschaffen, der Rosengarten und der Neue See angelegt. Für seine Arbeit erhielt Lenné einen Lohn von siebentausend Talern und ein Grundstück in der heutigen Ebertstraße, Ecke Lennéstraße. Zwischen 1841 und 1844 entstand nach seinen Plänen auch der Zoologische Garten südlich des Landwehrkanals.

Gegen Ende des neunzehnten Jahrhunderts war die Bebauung Berlins so weit fortgeschritten, daß der Tiergarten schließlich ganz und gar von der Stadt umschlossen war. Im Park selbst wurden im Lauf der Zeit zahlreiche Büsten von Notabeln des Deutschen Reichs und Statuen entlang der verbreiterten Promenaden aufgestellt.

Das bei weitem größte Monument ist die Siegessäule von Johann Heinrich Strack. Ihr Bau wurde 1865 begonnen, um dem Sieg Preußens über Dänemark im Jahr 1864 ein Denkmal zu setzen. Nach dem Triumph Preußens über Österreich 1866, über Frankreich 1870/71 und der darauffolgenden Gründung des Deutschen Reichs wurde die erst 1873 vollendete Siegessäule mit der darauf thronenden Victoria zum Denkmal der Einigungskriege.

Die teilweise zerstörte Löwenbrücke im Jahr 1946. Damals standen im Tiergarten kaum noch Bäume

Im ›Dritten Reich‹ versetzte man 1938 als erste Maßnahme einer Neugestaltung der Reichshauptstadt nach Plänen von Hitlers Generalbauinspektor für Berlin, Albert Speer, die Siegesgöttin samt ihrer Säule vom damaligen Königsplatz vor dem Reichstag zum Großen Stern im Zentrum des Parks. Sie stand nun auf der Mitte der von Albert Speer als Ost-West-Achse geplanten Straße. Dieser Umzug rettete das Denkmal wahrscheinlich vor der Zerstörung, denn sieben Jahre später, im April 1945, wurde der ehemalige Standort der Victoria vor dem Reichstag Schauplatz besonders schwerer Kämpfe.

Nach dem Zweiten Weltkrieg war der Tiergarten ebenso zerstört wie die ihn umgebende Stadt. Ausgebrannte Militärfahrzeuge und Artilleriegeschütze prägten das Bild. Rasenflächen wurden für den Anbau von Gemüse untergepflügt. Am betrüblichsten war die Tatsache, daß dem Park das Grün abhanden gekommen war. Nahezu alle zweihunderttausend Bäume waren vom Granatfeuer zerstört, für provisorische Landebahnen gefällt oder von der notleidenden Bevölkerung als Feuerholz geschlagen worden.

Am 17. März 1949 leitete Ernst Reuter die Wiedergeburt des Tiergartens ein: Mit dem Setzen einer ersten Linde durch den Regierenden Bürgermeister von West-Berlin begann die Wiederaufforstung. Unter der Leitung des Gartenamtsleiters des Bezirks Tiergarten, Wilhelm Alverdes, wurde zwischen 1949 und 1959 jene Generation von Bäumen gepflanzt, die heute im Tiergarten grünt.

Oben rechts: Die »Amazone zu Pferd« von Louis Tuaillon an der Ostseite des Tiergartens. Die Plastik von 1906 ist eine vergrößerte Fassung der Bronze vor der Alten Nationalgalerie

Mitte rechts: Berliner bei der Kartoffelernte neben der Amazone von Tuaillon am 21. Oktober 1947. Die Ernte war schlecht in jenem Jahr, die Kartoffeln wurden im Durchschnitt nicht größer als ein Golfball

Unten rechts: Die »Amazone zu Pferd« ist seit der Wiederaufforstung des Tiergartens, die erst 1959 abgeschlossen war, wieder von Bäumen umgeben

ST. HEDWIGS-KATHEDRALE

Als Geste der Toleranz gilt das Edikt Friedrichs II. von 1746, in dem er als protestantischer Preußenkönig den Katholiken volle Rechtsgleichheit zuerkannte und den Bau einer katholischen Pfarrkirche in Berlin bewilligte. Zugleich war es aber auch eine Gunstbezeigung gegenüber der neuen schlesischen Provinz: Das Gotteshaus war vor allem für die vielen Katholiken nötig geworden, die infolge der Eroberung Schlesiens durch die preußische Armee nach Berlin gekommen waren.

Die Kirche wurde nach der Schutzheiligen Schlesiens Hedwigskirche genannt. Seit der Reformation entstand mit ihr das erste repräsentative katholische Gotteshaus der Stadt. Die Entwürfe beruhten auf eigenhändigen Skizzen des Königs, die wahrscheinlich von Georg Wenzeslaus von Knobelsdorff überarbeitet wurden.

Friedrich II. schwebte von Anfang an die runde Grundrißform als die vollkommenste für den Kirchenbau vor. In einer Nachbildung des römischen Pantheon sollte sie Ausdruck philosophischer Gedanken und absolutistischer Toleranzvorstellung sein. Und sie war Teil des von Friedrich II. geplanten Forum Fridericianum, eines barocken Ensembles mit den Gebäuden der Staatsoper und der Königlichen Bibliothek (Kommode), das sich vom Zeughaus Richtung Westen erstrecken sollte.

Der Bau der Kirche wurde 1747 unter der Leitung von Johann Boumann begonnen, aber erst 1773 abgeschlossen. Aufgrund von Finanzierungsproblemen und wegen des Siebenjährigen Kriegs waren die Arbeiten 1755 für einige Jahre unterbrochen worden. Eine von Papst Clemens XIII. unterstützte Spendenaktion ermöglichte schließlich den Weiterbau.

Nach seiner Gründung 1930 erhob das Bistum Berlin die Hedwigskirche zu seiner Kathedrale. Im Verlauf der anschließenden Restaurierung wurde das Innere durch eine schlichtere Ausstattung ersetzt.

Linke Seite: 1930 wurde die Hedwigskirche zur Kathedrale der neu gegründeten katholischen Diözese von Berlin erhoben. Bei der notwendigen Restaurierung wurde dem Kircheninnern eine schlichtere Gestaltung gegeben

---

Unten: Die Hedwigskirche auf dem Opernplatz im Jahr 1889, zwei Jahre, nachdem die erneuerte Kuppel die von einem Kreuz bekrönte Laterne erhalten hatte

Während des Zweiten Weltkriegs predigte Konrad Graf Preysing, der katholische Bischof von Berlin, regelmäßig in der St. Hedwigs-Kathedrale. Er zögerte nicht, Stellung gegen die Euthanasie zu beziehen. Auch der Domprobst der Kathedrale, Bernhard Lichtenberg, kritisierte die Nationalsozialisten und betete öffentlich für verfolgte Juden und für Inhaftierte. Er selbst starb 1943 auf dem Transport in das Konzentrationslager Dachau.

Die Kathedrale wurde in der Nacht zum 1. März 1943 bei einem Fliegerangriff stark beschädigt. Die Statue der heiligen Hedwig stürzte vom Giebel des Eingangsportals. Die Flachreliefs am Portal und die ionischen Säulen erlitten weitere Schäden während der Straßenkämpfe im Frühjahr 1945.

Nach dem Krieg erhielt der Chor der St. Hedwigs-Kathedrale die Erlaubnis, unter der Leitung von Karl Forster seine Arbeit wieder aufzunehmen. So konnte am 11. Oktober 1946, dem fünfzigsten Todestag Anton Bruckners, eine Aufführung des »Te Deum« in der Unterkirche der Domruine stattfinden.

1952 begann der langwierige Wiederaufbau der St. Hedwigs-Kathedrale unter der Leitung des Architekten Hans Schwippert. 1961 wurde die ehemalige Kuppel aus Holz, Stein und Kupfer durch eine schlichte Variante aus selbsttragenden Fertigbetonplatten ersetzt. Der plastische Schmuck der Fassade jedoch wurde dem Original entsprechend wiederhergestellt.

Seit Juli 1994 ist die St. Hedwigs-Kathedrale Sitz der wieder eingerichteten katholischen Diözese Groß-Berlin.

Linke Seite: Berliner ›Trümmerfrauen‹ im Dezember 1945 vor der St. Hedwigs-Kathedrale. Die Kuppel ist zerstört

---

Unten: Die nach dem Krieg wiederaufgebaute Kathedrale. Die neue, vereinfachte Kuppel wurde aus selbsttragenden Fertigbetonplatten zusammengesetzt. Auf die Rekonstruktion ihrer Laterne hat man verzichtet

BERLINER DOM

Geldmangel, die Revolution von 1848 und schließlich die Unentschlossenheit Wilhelms II. waren die Gründe, weshalb sich die Errichtung eines neuen Berliner Doms, seit 1842 geplant, um über fünfzig Jahre verzögerte. Erst nach langen Überlegungen entschied sich Kaiser Wilhelm II. für den dritten Entwurf des Baumeisters Julius Raschdorff. Anschließend wurden vom Preußischen Abgeordnetenhaus die Genehmigung für einen Baukostenzuschuß von zehn Millionen Mark eingeholt und die Abrißgenehmigungen für den alten Dom erteilt. Im Sommer 1893 begannen endlich die Arbeiten am ›Kaiserdom‹. Der alte Dom – 1750 nach Plänen Friedrichs II. von Johann Boumann errichtet und 1820 von Karl Friedrich Schinkel im klassizistischen Stil umgebaut – wurde abgerissen und die darunter liegende Kaisergruft wegen der nachfolgenden Bauarbeiten abgedeckt. Auf Lastkähnen trafen große Granit- und Sandsteinblöcke aus schlesischen Steinbrüchen ein, und der Bau wuchs empor. Während ganze Armeen von Steinmetzen und Maurern mit der Vollendung der Hauptkuppel beschäftigt waren, fertigten Kupferschmiede in Werkstätten von Sachsen bis zum Harz die getriebenen Kupferbleche für das Dach. Der Eckturm an der Nordwestseite erhielt drei historische Glocken (die älteste stammte aus dem Jahr 1471), angeschlossen an eine elektrisch betriebene Maschinerie. Zum Schluß setzte man im Portal an der Westseite drei massive Bronzetüren nach Entwürfen des Bildhauers Otto Lessing ein. Der Bau beanspruchte insgesamt zwölf Jahre und kostete zwölf Millionen Mark.

Die eklektizistische Gestaltung des 1905 geweihten Doms war von Beginn an dem Spott der Kritiker ausgesetzt. Man charakterisierte ihn zum Beispiel als »Höhepunkt des Verfalls« und als »lärmend protzigen Schwall«.

Das Protzige des Baus war aber sicher Grund dafür, daß die Kirche auch nach dem Ende des Kaiserreichs ein Renommierobjekt blieb.

Oben links: Der Altarraum des Berliner Doms 1905. Zum Gotteshaus gehört noch eine Gruft- und eine Tauf- und Traukirche

Oben rechts: Reichsminister Hermann Göring mit seiner Braut, der Schauspielerin Emmy Sonnemann, vor dem Berliner Dom

Unten: Julius Raschdorfs Berliner Dom, der 1905 geweiht wurde. Im Vordergrund eine der Bronzestatuen der Pferdebändiger von 1846 vor dem Portal IV des Stadtschlosses. Links einige Bäume des Lustgartens

Rechts: Der im Krieg schwer beschädigte Dom Ende der vierziger Jahre. Seit Februar 1945 wurden hier für lange Zeit keine Gottesdienste mehr abgehalten

Oben: Eine Bombe hat ein riesiges Loch in die Kuppel gerissen, ohne zu explodieren. Andernfalls hätte sie die Kuppel gesprengt

Unten: Die Bombe hat den Boden des Predigtraums durchschlagen und zerstörte Teile der unterirdischen Gruftkirche der Hohenzollern

Hier ließ sich zum Beispiel am 11. April 1935 Reichsminister Hermann Göring mit der Schauspielerin Emmy Sonnemann trauen, eine mit ungeheurem Aufwand betriebene Propagandaaktion der Nationalsozialisten. Unter einem Baldachin aus Säbeln, emporgehalten von den Generälen des Heeres, der Kriegsmarine und der Luftwaffe betraten beide den Dom. Großzügige Geschenke wurden erwartet – und geleistet; darunter ein gepanzerter Mercedes, Saphire von Zar Boris III. von Bulgarien und ein komplettes Tafelservice aus Breslauer Schloßporzellan von der Reichsbank. Als das Paar in einem Regen von Blütenblättern die Kirche verließ, flog über das Gotteshaus eine Formation von zweihundert Fliegern der Luftwaffe.

Am 24. Mai 1944 riß eine Brandbombe ein riesiges Loch in die Hauptkuppel und durchschlug auch den Boden der Kirche. Balken, Gestühl und Steine fielen bis in die Kaisergruft hinab und beschädigten einige der Holz- und Zinnsärge. Nach dem großen Bombenangriff vom 3. Februar 1945 mußten die Gottesdienste aufgegeben werden.

Drei Monate nach Kriegsende wurden in der notdürftig hergerichteten Gruftkirche schon wieder Predigten gehalten. Doch der Dom lag im sowjetischen Sektor, wo religiöse Aktivitäten nicht gefördert wurden. Nach einiger Zeit löste sich die stark dezimierte Gemeinde schließlich auf.

Völlig ausgebrannt und von Artilleriegeschossen gezeichnet, blieb dem Bau dennoch die Abrißbirne erspart. Die Stadtplaner befanden, der Abriß sei zu teuer, und so wurde der Dom nach einigen notdürftigen Reparaturen für die nächsten dreißig Jahre in Ruhe gelassen.

Infolge eines Finanzierungsangebotes, das die Evangelischen Kirchen der Bundesrepublik und die Bundesregierung 1974 der DDR unterbreiteten, erteilte die ostdeutsche Regierung dem Bund der Evangelischen Kirche in der DDR die Genehmigung für die Restaurierung des Doms. Die vom Institut für Denkmalpflege der DDR herausgegebenen Richtlinien für die Rekonstruktion historischer Gebäude schrieben unter anderem Veränderungen oder Reduzierungen der Details vor, die vordergründige ideologische Aussagen enthielten.

Die Rekonstruktionsarbeiten am Dom überdauerten die SED-Herrschaft. Erst am 7. Juni 1993 öffnete der damalige Bundeskanzler Helmut Kohl die restaurierte Predigtkirche für die Allgemeinheit.

Heute steht sie unter der Verwaltung der »Evangelischen Landeskirche der Union«. Ein vielseitiges Programm mit Orgel- und Chorkonzerten, mit Bildungsveranstaltungen und Ausstellungen bereichert das Gemeindeleben und zieht Besucher auch außerhalb der Gottesdienste an.

Der erst 1993 wiedereröffnete Berliner Dom. Im Vordergrund der 1999 nach historischem Vorbild rekonstruierte Lustgarten

REICHSBANK

Linke Seite: Die Ostfassade des Reichsbankgebäudes am Kupfergraben, 1937

Rechts: Die dreißig Meter lange elektronische Schaltkonsole, von der aus die gesamte elektrische Anlage der Reichsbank kontrolliert und gesteuert wurde

Die Reichsbank war seit ihrer Gründung im Jahr 1876 in der Jägerstraße in einem neuerrichteten Bürogebäude im Renaissancestil untergebracht.

Die Entscheidung, den alten Sitz der Reichsbank durch einen großen Neubau zu ergänzen, fiel in den letzten Tagen der Weimarer Republik. Die Ausschreibung für diesen Bau fand jedoch erst einige Wochen nach der Ernennung Adolfs Hitlers zum Reichskanzler im Januar 1933 statt. Unter den eingereichten Entwürfen befanden sich auch Arbeiten von Walter Gropius, Hans Poelzig und Ludwig Mies van der Rohe. Mies van der Rohe erhielt den ersten Preis.

Hitler aber war dieser Entwurf nicht monumental genug, er vergab den Auftrag an Heinrich Wolff. Für den Neubau, der gegenüber dem alten Reichsbankgebäude errichtet werden sollte, mußten zahlreiche historische Bürgerhäuser weichen. Die Bauarbeiten an dem Vierhundert-Millionen-Mark-Projekt begannen 1934. 1938 wurde der mit hellem Sandstein verkleidete Stahlskelettbau abgeschlossen, in den nun Hjalmar Schacht einziehen konnte. Als Reichsbankpräsident unter den Nationalsozialisten hatte der Finanzpolitiker die schwierige Aufgabe, die Einnahmen und Ausgaben des Staatshaushaltes in einem gesunden Gleichgewicht zu halten. Angesichts ständig wachsender Ausgaben für kapitalintensive Projekte wie den Autobahnbau und für die steigende Rüstungsproduktion war die notwendige Balance bald nicht mehr zu halten. Es kündigte sich eine finanzielle Mißwirtschaft an, für die die Finanzfachleute die Verantwortung bald nicht mehr tragen wollten.

Im Januar 1939 gaben sämtliche leitenden Beamten der Reichsbank bis auf zwei Ausnahmen in einem Massenrücktritt ihre Ämter auf. Einige Tage zuvor war Schacht von Adolf Hitler entlassen worden, nachdem er zur Sprache gebracht hatte, was bereits offensichtlich war: Der unersättliche Hunger des ›Führers‹ nach Rüstungsgütern führte Deutschland in den finanziellen Ruin.

Von nun an war die Reichsbank ein Instrument des Krieges. Nach den Eroberungsfeldzügen der Wehrmacht in ganz Europa wurden die nationalen Goldreserven der eroberten Länder eingezogen und an die Reichsbank geschickt. Hier lagerten sie in Tresoren, bis sie für den Erwerb kriegswichtiger Waren eingesetzt wurden.

Im Mai 1945 stürmten russische Truppen die Tresorräume der Reichsbank, da sie hofften, dort etwas von den geschätzten sechshundertundzwanzig Millionen Dollar in die Hände zu bekommen, welche die Nazis den Nachbarstaaten abgenommen hatten. Doch fanden sie nur drei Millionen Dollar in Goldbarren und eine Sammlung seltener Musikinstrumente. Das meiste des Schatzes war bereits aus der Stadt geschafft worden, ein Teil des Goldes in ein bayerisches Bergwerk, andere Barren gelangten über die Schweiz bis nach Argentinien.

Nach dem Ende des Kriegs entfernten die Sowjets die von Ludwig Gies entworfenen NS-Dekorationen an dem Gebäude. Sie klopften die riesigen Adlerreliefs zu beiden Seiten des Hauptfoyers ab und feilten die bronzenen Hakenkreuze von den Türknäufen.

Als erster Nutzer zog nach 1945 das Berliner Stadtkontor ein, dem das DDR-Finanzministerium folgte. 1959 wurde der Bau vom Zentralkomitee der SED in Besitz genommen, die eigentliche Machtzentrale der DDR.

Nach der Bonner Entscheidung zugunsten eines Umzugs der Bundesregierung nach Berlin im Jahr 1993 gab es lebhafte Diskussionen darüber, was mit dem ehemaligen Reichsbankgebäude geschehen sollte. Schließlich gab der Außenminister sein Einverständnis, mit seinem Ministerium dort einzuziehen. Da das Gebäude jedoch nicht genug Platz

Rechte Seite: Das renovierte Reichsbankgebäude, heute Bundesministerium für Auswärtige Angelegenheiten. Ganz rechts der Erweiterungsbau von Müller & Reimann

Unten: Der Eingang an der Nordseite des ehemaligen Reichsbankgebäudes 1960. Damals diente es als Sitz des Zentralkomitees der SED

für die zweitausendfünfhundert Mitarbeiter bot, beauftragte man die Berliner Architekten Thomas Müller und Ivan Reimann mit einem Neubau, der vor dem Haupteingang der Reichsbank errichtet wurde. Am Reichsbankgebäude selbst wurden unter der Aufsicht von Hans Kollhoff wesentliche Umbauarbeiten vorgenommen.

Am 25. August 1996 erhielten die Berliner vor Beginn der Renovierungsarbeiten noch einmal die Gelegenheit, die Büros der DDR-Elite zu besichtigen. Tausende Neugierige strömten in die alte Reichsbank und standen stundenlang Schlange, um die Räume und Korridore zu sehen, von denen aus vor nicht allzu langer Zeit die SED die DDR regiert hatte.

NEUE REICHSKANZLEI

Nachdem Adolf Hitler 1933 zum Reichskanzler ernannt worden war, zog er vom Hotel Kaiserhof, wo die NSDAP ihre Berliner Zentrale eingerichtet hatte, auf die andere Straßenseite in die alte Reichskanzlei. Seit Otto von Bismarck hatte sie den Reichskanzlern als Amtssitz gedient. Das Gebäude, dessen Geschichte bis ins Jahr 1739 zurückreichte, war Hitler jedoch nicht modern genug. Er ordnete unverzüglich Renovierungsarbeiten und die Errichtung eines repräsentativen Anbaus an der Rückseite des Gebäudes an. 1935 ließ er sich von dem Architekten Albert Speer einen neuen Portikus und in der zweiten Etage der Kanzlei einen Balkon mit Blick auf die Wilhelmstraße bauen – eine Art Rednerkanzel.

Bereits 1934/35 gab es Planungen für eine neue Reichskanzlei. Hitler forcierte die Errichtung eines eindrucksvollen Kommandozentrums, von dem aus er seine Visionen von der Weltherrschaft in die Tat umsetzen konnte. Er forderte Speer auf, ein Gebäude zu entwerfen, das jedem, der es betrat, Ehrfurcht einflößen sollte. Ein Abbild der Macht und Entschlossenheit des neuen Reichs sollte die Neue Reichskanzlei sein. Obwohl die immensen Ausgaben für die Aufrüstung der Wehrmacht die Goldreserven der Reichsbank nahezu aufgebraucht hatten, erklärte Hitler, an dem Bau der Neuen Reichskanzlei dürfe nicht gespart werden. Ein Jahr später erhielt Speer die Genehmigung für seine Pläne und grünes Licht für den Baubeginn. Um den ›Führer‹ zu beeindrucken, versprach Speer, das Gebäude in nur einem Jahr fertigzustellen.

In den darauffolgenden zwölf Monaten herrschte in der Voßstraße rege Bauaktivität. Ein viertausendfünfhundert Mann starker Troß von Bauarbeitern war Tag und Nacht beschäftigt. Ein Jahr nach Beginn der Bauarbeiten wurde die fertige Neue Reichskanzlei tatsächlich Hitler vorgestellt, achtundvierzig Stunden früher als geplant. Die Eröffnung, die auf den Termin des Neujahrsempfangs für das diplomatische Corps in Berlin gelegt worden war, wurde mit einem großartigen Diner begangen. Drei Kompanien

Oben: Hitler begrüßt den italienischen Botschafter Bernardo Attolico in seinem Arbeitszimmer

Rechte Seite unten: Eine Ansicht der Neuen Reichskanzlei von der Voßstraße aus in Richtung Osten, 1939

Rechts: Das Privatbüro Hitlers in der von Albert Speer erbauten Neuen Reichskanzlei. Links der große Kartentisch, auf dem Hitler seine Eroberungsfeldzüge plante

Rechts außen: Russische Soldaten 1945 in Hitlers zerstörtem Arbeitszimmer

der SS und SA wurden aufgeboten, um die zahlreichen Diplomaten, Parteifunktionäre und die führenden Mitglieder der deutschen Industrie zu bedienen. Zum ersten Mal konnten die Gäste das eindrucksvolle Labyrinth der Marmorgalerien und Empfangssäle besichtigen, das sich zwischen vierhundertundzwanzig Räumen mit der Grundfläche von dreihundertsechzigtausend Quadratmetern erstreckte.

Die ausländischen Diplomaten, die an diesem Abend bei der Neuen Reichskanzlei vorfuhren, passierten zunächst eine Einfahrt von der Wilhelmstraße aus und erreichten eine gepflasterte, kahle Einfriedung, den sogenannten Ehrenhof. Dann stieg man aus dem Wagen, ging eine Steintreppe hinauf, die von zwei männlichen Bronzestatuen Arno Brekers flankiert war, und betrat schließlich eine kleine, eher schlichte Eingangshalle. Von dort aus schritt man weiter durch zwei fünf Meter hohe Türen in einen wesentlich größeren Raum, den Mosaiksaal. Dieser gigantische, fensterlose Raum diente lediglich dem Zweck, die Besucher zu beeindrucken. Weder Möbel noch Teppiche schmückten den Raum. Auf dem Weg dort hindurch hallten die Schritte von den Wänden wider, bis man am Runden Saal anlangte. Sein riesiges Oberlicht war das einzige Fenster, zu dem man wie vom Grund eines tiefen Brunnens aufschaute.

Bis hierher betrug die Strecke bereits hundert Meter, obwohl sie noch nicht einmal den halben Weg zum Empfangsbereich der Reichskanzlei ausmachte. Noch lag die hundertsechsundvierzig Meter lange Marmorgalerie vor dem Besucher. Von einer Seite fiel Licht durch eine Reihe raumhoher Fenster, auf der anderen Seite war die Galerie mit Wandteppichen des siebzehnten Jahrhunderts geschmückt. Anfang und Ende des Ganges blieben unbeleuchtet, das erweckte den Eindruck, die Galerie wäre endlos lang.

Die Böden aus rosafarbenem und grünem Marmor waren stets auf Hochglanz poliert, Teppiche gab es nicht. Als Speer einmal mit Hitler

Links außen: Der Eingang zur alten Reichskanzlei im Erweiterungsbau von 1931 an der Wilhelmstraße, 1938. Der Balkon in der zweiten Etage wurde auf Hitlers Wunsch nachträglich angebaut

Links: Die Wilhelmstraßen-Einfahrt zum Ehrenhof der Neuen Reichskanzlei zwischen dem alten Borsig-Palais und dem Erweiterungsbau von 1931, Aufnahme von 1946

Die Ruine der Neuen Reichskanzlei im Mai 1949.
Die Schmalspurbahn auf der Voßstraße wurde für den Abtransport des Trümmerschutts eingerichtet

Der britische Premierminister Winston Churchill nach der Besichtigung des Führerbunkers während seines Berlin-Besuchs im Juli 1945

die Marmorgalerie entlangging, bemerkte er, daß der glatte Boden für Besucher gefährlich werden könnte. »Das ist gerade das Richtige«, antwortete Hitler, »sie sollen sich als Diplomaten auf glattem Boden bewegen.«

In der Mitte der Galerie traf man auf zwei bewaffnete Wachposten vor zwei schweren Türen aus Rosenholz. Über den Türen befanden sich auf einem bronzenen Schriftband die ineinander verschränkten Initialen »AH«; dahinter lag Adolf Hitlers Arbeitszimmer. Hätte man einen persönlichen Termin gehabt, wären die Wachen beiseite getreten und hätten Einlaß in Hitlers Büro gewährt. Dort führte der Weg über einen dicken, rotbraunen Teppich, vorbei an antiken Wandteppichen und bronzenen Medaillons, die an den mit rotem Marmor ausgekleideten Wänden hingen. Wahrscheinlich wäre man aufgefordert worden, vor einem großen Kamin Platz zu nehmen, über dem ein Ölgemälde Bismarcks thronte. In der Nordwestecke des Raumes stand Hitlers Schreibtisch. Seine Vorderseite war mit Intarsien ausgelegt, mit Darstellungen des Hauptes der Medusa und der Göttin Athene sowie einem finsteren Abbild des Gottes Mars mit halb aus der Scheide gezogenem Schwert.

Der 1939 von Hitler begonnene Zweite Weltkrieg forderte seinen Tribut, auch die Reichskanzlei hatte Opfer zu bringen. 1941 wurden sämtliche Bronzetüren sowie die Heizungsgitter und anderes kostbar gewordenes Material herausgerissen und eingeschmolzen, um daraus Granaten bauen zu können. Auch bauliche Veränderungen wurden angeordnet. Für die alliierten Bomberpiloten war die vierhundert Meter lange

Machtzentrale ein wichtiges und deutlich sichtbares Ziel. Als die Luftangriffe zunahmen, wurde deshalb ein Unternehmen mit Ausschachtungsarbeiten zur Vertiefung und Erweiterung des ›Führerbunkers‹ unter dem Garten der Reichskanzlei beauftragt. Das Dach des Bunkers wurde mit einer fast fünf Meter dicken Schicht Stahlbeton verstärkt, die wiederum mit mehreren Tonnen Erde bedeckt wurde. Ein dreißig Meter langer Tunnel verband den Bunker mit dem Keller der Reichskanzlei.

Als sich die Luftangriffe der britischen und amerikanischen Bomber ab 1942 verstärkten, wurde auch die Reichskanzlei mehrmals getroffen. Besonders schwere Schäden erlitt das Gebäude während des Luftangriffs am 28. Januar 1944. In dieser Bombennacht verloren allein hundertachtzigtausend Berliner ihre Wohnungen.

Am 16. Januar 1945 kehrte Adolf Hitler nach seiner Niederlage bei der Ardennenoffensive nach Berlin zurück. Sein letzter, verzweifelter Versuch,

Oben: Der Ehrenhof in der Neuen Reichskanzlei. Albert Speer hatte die Sondererlaubnis, seinen Horch hier zu parken

Oben rechts: Der ausgebrannte Hof im Herbst 1945

den Vormarsch der Alliierten im Westen noch aufzuhalten, war endgültig fehlgeschlagen.

Wenige Stunden nach seiner Ankunft stieg Hitler mit seinem Adjutanten, der nur einige persönliche Sachen des Diktators mitzunehmen hatte, die vierundvierzig Stufen zum ›Führerbunker‹ im Garten der Reichskanzlei hinab. In den kommenden Wochen hat Adolf Hitler diesen Ort nur noch selten verlassen.

Als die Russen immer näher kamen, wurden am 23. April 1945 zweitausend Soldaten im Kellergewölbe stationiert, um die Operation Clausewitz vorzubereiten, die den enger werdenden Ring der sowjetischen Einheiten um Berlin sprengen sollte. Zu jener Zeit wurde die Reichskanzlei bereits systematisch mit Granatfeuer aus den ehemals eigenen 88er-Kanonen beschossen, die von den durch die Rote Armee eroberten Stellungen am Flughafen Tempelhof auf das Gebäude gerichtet worden waren.

Am 30. April 1945 gegen 15.30 Uhr, als die russischen Soldaten nur noch einen Häuserblock entfernt waren, erschoß sich Hitler in seinem beengten Quartier sechzehn Meter unter der Erdoberfläche. Der Schuß wirkte wie ein Fluchtsignal für die Männer aus seinem Gefolge. Sie verließen den Bunker und begannen ihren riskanten Marsch nach Norden auf die britischen Linien zu. Nur wenigen jedoch gelang es, aus der Stadt herauszukommen.

Zwei Monate nach Kriegsende besichtigte Winston Churchill die Trümmer der Reichskanzlei und die Überreste des ›Führerbunkers‹. Bei seiner Ankunft wurde er von einer großen Menschenmenge begeistert empfangen. Die Begrüßung durch die Berliner rührte Churchill, später schrieb er: »Diese Demonstration bewegte mich ebensosehr, wie die eingefallenen Gesichter und die abgetragene Kleidung der Bevölkerung.«

Die Sowjets begannen 1947 mit dem Abriß der Reichskanzlei. Die mächtige Ruine diente zunächst als wichtige Materialquelle für das Sowjetische Ehrenmal. Eine Schmalspurbahn wurde eingerichtet, um einen Teil der Steine nach Treptow zu transportieren, wo das Denkmal errichtet wurde.

Der Magistrat von Ost-Berlin ließ die Aufräumarbeiten ohne große Eile die nächsten achtzehn Jahre über fortsetzen. Ein Teil des Marmors aus der Reichskanzlei fand auch Verwendung bei der Innenausstattung des U-Bahnhofs Thälmann-Platz (heute Mohrenstraße) und der Verschönerung der Sowjetischen Botschaft.

Die letzten Überreste der Reichskanzlei verschwanden im Jahr 1965. Ein Großteil des Geländes fristete viele Jahre ein Dasein als vermintes Sperrgebiet an der Berliner Mauer. Der östliche Teil wurde während der letzten Jahre der DDR mit Wohnhäusern bebaut. Der Rest des Grundstücks wird erst noch erschlossen.

Teile der Bunkeranlagen unter der Reichskanzlei existieren noch heute. Ein Stück dieser feuchten, unterirdischen Welt wurde im März 1990 zufällig offengelegt, als dort Bäume gepflanzt werden sollten. Auf einen weiteren Abschnitt des Bunkerkomplexes stieß man wenige Monate später bei den Vorbereitungen für ein Rockkonzert. Dort fand sich ein zehn mal dreißig Meter großer Raum, an dessen Wänden Zeichnungen von Soldaten mit Stahlhelmen zu sehen waren, wie sie Mütter und Kinder gegen unsichtbare Feinde schützen. Bei weiteren Ausgrabungen kamen noch weitere solche Betonhöhlen ans Licht. 1997 wurde bei Straßenbauarbeiten nördlich des ehemaligen Standortes der Reichskanzlei ein geheimer Bunker entdeckt, von dem man annimmt, daß er für Joseph Goebbels bestimmt war. Bis dahin wußte offenbar niemand mehr etwas von seiner Existenz.

Oben: Der Runde Saal in der Neuen Reichskanzlei. Das Fußbodenmosaik und die Deckenbemalung wurden nach Entwürfen von Hermann Kaspar geschaffen. Das obere Foto entstand im Jahr 1939, das untere im Mai 1947

Unten: Heute stehen an Stelle der zwischen 1947 und 1965 abgetragenen Neuen Reichskanzlei in der Voßstraße Wohngebäude in Plattenbautechnik. Den Marmor der Reichskanzlei hat man zum Teil für das Sowjetische Ehrenmal in Treptow und für die Verschönerung der Russischen Botschaft sowie einer U-Bahnstation verwendet

REICHSLUFTFAHRTMINISTERIUM

Im Februar 1935 begannen die Arbeiten an dem wuchtigen, zweitausendachthundert Räume fassenden Bau für Deutschlands Reichsluftfahrtministerium. Ein Teil des Komplexes sollte die Büros der deutschen zivilen Luftfahrtbehörde aufnehmen, doch war das Gebäude hauptsächlich für die Verwaltung der eben gegründeten Luftwaffe Hermann Görings vorgesehen.

Der monumentale mit Travertin verkleidete Stahlskelettbau wurde in nur acht Monaten fertiggestellt. Dafür arbeiteten die Bauleute sieben Tage in der Woche in zwei Schichten.

Der Entwurf war das Werk Ernst Sagebiels, der in den zwanziger Jahren einmal mit dem sachlich-modernen Erich Mendelsohn in Verbindung stand. Sagebiel besaß die Fähigkeit und den Willen, den von Adolf Hitler so geschätzten klassizistischen Stil umzusetzen. Er war an mehreren wichtigen Bauprojekten der Nazizeit beteiligt, darunter auch am Neubau des Flughafens Tempelhof.

Wer das fertige Reichsluftfahrtministerium betrat, sah sich einer Reihe architektonischer Kunstgriffe ausgesetzt. Von der ehrfurchteinflößenden großen Eingangshalle mit der damals modernen indirekten Beleuchtung bis hin zu den ein wenig höher als üblich angebrachten Türgriffen zielte alles darauf ab, den Besucher einzuschüchtern. Am deutlichsten wurde dies in dem riesigen Ehrensaal aus Marmor, in dem ein gewaltiger, goldener Adler gebieterisch von seiner erhöhten Position an der gegenüberliegenden Wand auf den Eintretenden herabsah.

In den folgenden zehn Jahren verwalteten in diesem Gebäude der gewaltigen Dimensionen, mit zum Beispiel sieben Kilometer langen Korridoren, etwa viertausend Angestellte die rasch wachsende Luftwaffe. Chef des Ministeriums war Hermann Göring, doch seinem Stellvertreter Erhard Milch, zuvor Direktor der Lufthansa, blieb die Verantwortung für das tägliche Geschäft überlassen.

Linke Seite: Eine von Ernst Sagebiel entworfene Tür zum Ehrensaal des Reichsluftfahrtministeriums, um 1938

Unten: Hermann Görings Reichsluftfahrtministerium in der Wilhelmstraße 81–85, um 1940

Unten: Der beschädigte Südflügel des Reichsluftfahrt-ministeriums im Juli 1945. Ansonsten blieb das Gebäude weitgehend intakt und konnte so nach Kriegsende schon bald wieder als Verwaltungsbau genutzt werden

Oben: Der Ehrensaal, wie er sich im Jahr 1938 präsentierte

Oben rechts: Der vom Architekturbüro HPP für das Bundesfinanzministerium ausgebaute einstige Ehrensaal im Jahr 2000

Den Bauten Ernst Sagebiels hat der Krieg offensichtlich nicht viel anhaben können. Das Reichsluftfahrtministerium blieb, ebenso wie der Flughafen Tempelhof, fast vollständig intakt. Das ist erstaunlich angesichts der Tatsache, daß in der unmittelbaren Umgebung des Ministeriums zweiundneunzig Prozent der Gebäude durch Luftangriffe zerstört wurden. Grund dafür war wohl auch, daß die Decken im obersten Stockwerk mit sechzig Zentimeter dickem Stahlbeton verstärkt wurden.

Nach dem Krieg befand sich das ehemalige Reichsluftfahrtministerium in einer Randlage innerhalb des sowjetischen Sektors. Zunächst tagte dort die 1947 gegründete Deutsche Wirtschaftskommission, eine zentrale Verwaltung der sowjetischen Besatzungszone. Am 7. Oktober 1949 wurde hier die Deutsche Demokratische Republik gegründet, und am 11. Oktober wählten die Provisorische Volkskammer und die Länderkammer in diesem Gebäude Wilhelm Pieck zum ersten Präsidenten der DDR.

Nachdem die Volkskammer 1950 ausgezogen war, wurde das Gebäude Sitz des Finanzministeriums und verschiedener Industrieministerien sowie anderer staatlicher Dienststellen. Es erhielt den Namen ›Haus der Ministerien‹. Anfang 1952 brachten vierzehn Handwerker ein großes Wandbild aus Meißener Porzellan von Max Lingner am Eingang an der Ecke Leipziger Straße an, eine Szene glücklichen sozialistischen Lebens. Dargestellt ist eine fröhliche Runde mit einem Lastwagenfahrer, einem Landarbeiter und zwei Akkordeonspielern, die gemeinsam eine Gruppe von Frauen in den Sonnenuntergang geleiten. Die mittlerweile etwas verblaßten Kacheln des Wandbildes schmücken noch heute den Eingang des Gebäudes.

Im Sommer 1953 versammelten sich Arbeiter zu einem Demonstrationszug Richtung Haus der Ministerien, um gegen die erhöhten Produktionsnormen zu protestieren. Die wütende Menge erreichte bald fünftausend Teilnehmer, da immer mehr Ostberliner sich der Aktion

Versammlung im Ehrensaal des Reichsluftfahrtministeriums zur Zeit des Nationalsozialismus

anschlossen, und am folgenden Tag, dem 17. Juni, waren es schon Zehntausende. Aus Furcht vor einem Volksaufstand errichtete die SED-Regierung Sperren vor den Türen der Ministerien. Die sowjetische Besatzungsmacht erklärte um dreizehn Uhr den Ausnahmezustand und setzte Panzer und Maschinengewehre ein. Bis zum Abend des darauffolgenden Tages war der Aufstand brutal niedergeschlagen. Über dreihundert Menschen starben dabei. In Gedenken an die Opfer änderte der West-Berliner Senat den Namen des Straßenzugs durch den Tiergarten von ›Charlottenburger Chaussee‹/›Berliner Straße‹ in ›Straße des 17. Juni‹.

Das alte Reichsluftfahrtministerium stand unmittelbar an der Grenze zwischen Ost- und West-Berlin und damit nach dem 13. August 1961 direkt an der Berliner Mauer. Vier Jahre nach dem Mauerbau kam es zu einer spektakulären Flucht aus Görings ehemaligem Hauptquartier. Einem erfinderischen Aufzugsmechaniker gelang es, Zugang zum sonst hermetisch abgeriegelten Dach des Hauses zu bekommen. Er befestigte ein Stahlseil an einem Stützbalken auf dem Dach und ließ es von einigen Studenten auf der westlichen Seite, die ihm halfen, mit einem Befestigungspunkt auf der anderen Seite der Mauer verbinden. Später am Abend hatten es die Studenten geschafft, die Straßenlaternen kurzzuschließen, die die Grenze an dieser Stelle beleuchteten, und so konnten der Mechaniker und zwei Familienmitglieder unentdeckt an einem Stahlgurt in den amerikanischen Sektor hinabgleiten.

Nach der Wiedervereinigung räumten die Staatsfunktionäre der ehemaligen DDR ihre Amtsstuben, um den Beschäftigten der Treuhandanstalt Platz zu machen. Diese Holdinggesellschaft war von der Regierung unter Bundeskanzler Helmut Kohl eingesetzt worden, um die Liegenschaften und das Industrievermögen des untergegangenen DDR-Staats zu verkaufen. Seit 1992 trägt das Gebäude den Namen des 1991 ermordeten Treuhandchefs Detlev Rohwedder.

Innerhalb von fünf Jahren gelang es der Treuhand, den größten Teil der in dem sechshundert Seiten starken Katalog aufgeführten Unternehmen im Staatsbesitz, vom Friseursalon bis zur Schiffswerft, ›abzuwickeln‹.

Als die Entscheidung für den Umzug des Bundestags von Bonn nach Berlin gefallen war, weigerten sich die Verantwortlichen zunächst, die Bundesministerien in Gebäuden aus der Nazizeit unterzubringen. Sie wollten die von der deutschen Geschichte belasteten Relikte abreißen lassen und strahlend neue Gebäude für ihre Dienststellen errichten.

Diese Pläne stießen jedoch auf heftigen Widerstand derer, die für die Erhaltung der alten Gebäude eintraten. In einem vom Berliner Senat in Auftrag gegebenen Bericht heißt es zum Beispiel: »Es gibt andere Alternativen, die der Kultur Berlins und der Bundesrepublik Deutschland angemessener sind, als sich einfach der Geschichte zu entledigen, indem man Häuser abreißt.« Etwas polemischer klang das Argument, daß es

Der Südflügel des nach 1949 in ›Haus der Ministerien‹ umbenannten Gebäudes während des Aufstands im Juni 1953. Sowjetische Panzer und Truppen wurden zusammengezogen, um den Arbeiteraufstand gegen die DDR-Regierung niederzuschlagen

den Sowjets 1917 auch nichts ausgemacht habe, in den Kreml des Zaren zu ziehen.

Am Ende ließen sich die Abrißbefürworter von den Meinungen der Fachleute und vor allem durch die veranschlagten hohen Kosten im Falle eines Neubaus doch noch überzeugen. Und so konnte man ankündigen, das ehemalige Reichsluftfahrtministerium werde für die Nutzung durch die Regierung umgebaut. Ein wenig erleichtert wurde diese Entscheidung durch die Erinnerung daran, daß das Gebäude in der Zeit des ›Dritten Reichs‹ immerhin Ausgangspunkt für die Aktivitäten der Widerstandsbewegung ›Rote Kapelle‹ gewesen war.

Das Bundesfinanzministerium bot sich an, in den renovierungsbedürftigen Bau einzuziehen, knüpfte dies jedoch an die Bedingung einer gründlichen Modernisierung.

Den Zuschlag für die Umbauarbeiten des geschützten Baudenkmals zu einem schwindelerregenden Preis von dreihundert Millionen Mark erhielt das Architekturbüro HPP. Die Höhe der Kosten drückt aus, wie viel an dem Gebäude zu tun war. Nahezu das gesamte Innere mußte erneuert werden, angefangen von den verschlissenen Aufzugskabeln bis hin zu der antiquierten Sprinkleranlage. Über viertausend Fenster mußten ausgetauscht werden, und die gesamte rußgeschwärzte Kalksteinfassade bedurfte einer gründlichen Reinigung.

Kurz nach Beginn der Umbauarbeiten sah sich der Bauleiter einer heiklen Situation gegenüber. Er hatte den Verdacht, daß die Sowjets in ihrem Bemühen, das Gebäude nach dem Krieg zu ›entnazifizieren‹, die an der Kalksteinfassade des Gebäudes angebrachten faschistischen Symbole nicht sämtlich zerstört, sondern die äußere Verkleidung des Baues einfach umgedreht haben könnten. Um keine schlafenden Hunde zu wecken, entschied er sich deshalb, statt einer sorgfältigeren Restaurierung der Kalksteinverkleidung eine oberflächliche Reinigung vornehmen zu lassen, bei der die Verkleidung nicht abgebaut werden mußte. Das nächste Problem ließ nicht lange auf sich warten: Bei der Restaurierung der Kellerfundamente wurde ein eingemauerter Behälter aus der Nazizeit entdeckt. Nach einigen Überlegungen entschloß man sich, seinen Inhalt zu katalogisieren und ihn für künftige Generationen wieder in das Fundament einzulassen.

Inzwischen ist das Innere des ehemaligen Reichsluftfahrtministeriums unter Anwendung neuester Technologie ausgebaut und mit modernster Bürotechnik ausgerüstet worden. Die einst trostlosen Höfe sind durch Begrünung ein wenig aufgelockert.

Zum Abschluß kann man feststellen, daß es mit dem Umbau des Detlev-Rohwedder-Hauses gelungen ist, einen behutsamen Mittelweg zu finden, der einerseits die Geschichte nicht ausklammert und andererseits den Bedürfnissen einer modernen demokratischen Regierung gerecht wird.

Das einstige Reichsluftfahrtministerium, heute Sitz des Bundesministeriums der Finanzen. Der Umbau und die Renovierung erfolgten durch das Architekturbüro HPP. Noch 1992 war erwogen worden, das Gebäude abzureißen

FLUGHAFEN TEMPELHOF

Oben links: Vorhalle des alten Flughafens Tempelhof, um 1930

Oben rechts: Architekt Ernst Sagebiel (links) vor dem Modell des Flughafengebäudes, 1939/40

Am 30. August 1909 strömten die Berliner zu dem großen Parade- und Exerziergelände von Tempelhof im Süden der Stadt. Jubel brach aus, als am Horizont ein riesiges Luftschiff auftauchte. Wenig später landete der am Bodensee gestartete Graf Zeppelin mit seinem Luftschiff Nr. 6 auf dem Tempelhofer Feld.

Schon eine Woche darauf wurde das Tempelhofer Feld zum Austragungsort des ersten Berliner Flugrennens. Das von einer Berliner Zeitung ausgelobte Preisgeld von hundertfünfzigtausend Mark für den schnellsten Flug von Tempelhof nach Johannisthal lockte unter anderem auch die amerikanischen Flugpioniere Orville und Wilbur Wright hierher. Die Amerikaner verloren jedoch gegen den Engländer Hubert Latham.

Im Ersten Weltkrieg und Anfang der zwanziger Jahre entwickelte sich die Flugtechnik rasant, die Maschinen wurden robuster. Bereits 1919 wurde von der Deutschen Luftreederei ein planmäßiger Postverkehr aufgenommen. 1924 baute man in Tempelhof für die noch wenigen Flugreisenden eine erste kleine Halle. Über Berlin waren nun immer häufiger Flugzeuge zu sehen und vor allem zu hören. 1926 wurde aus mehreren kleinen Fluggesellschaften die ›Luft Hansa‹ gebildet, die am 6. April 1926 den planmäßigen Passagierflugdienst aufnahm.

Links: Ein Luftschiff des Grafen Zeppelin im Mai 1931 auf dem Flughafen Tempelhof

Unten: Modell des von Ernst Sagebiel geplanten Platzes vor dem Flughafen Tempelhof, in dieser Form nie vollständig realisiert. Nur die östliche Hälfte des Bauensembles mit dem Hauptgebäude wurde errichtet

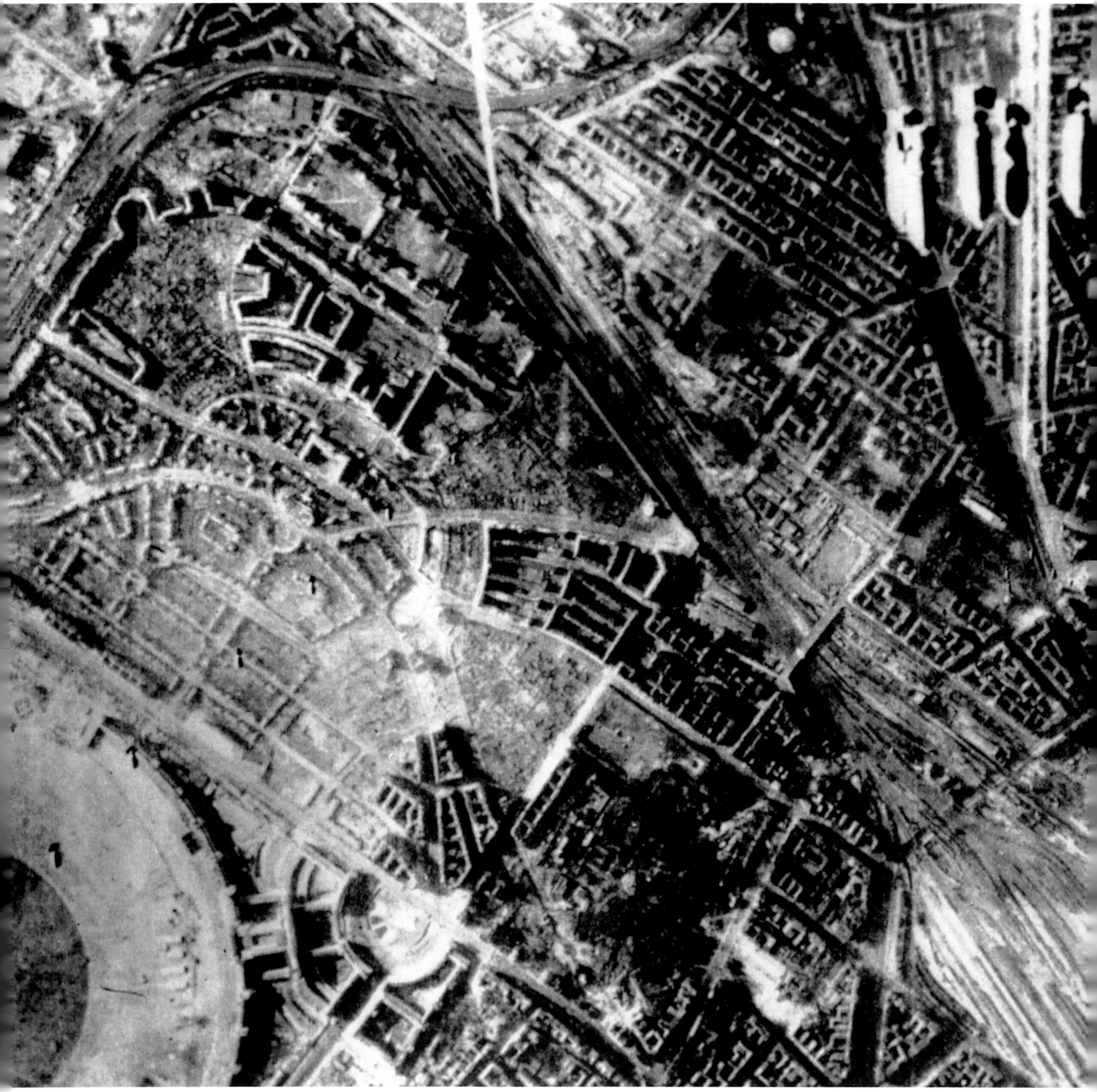

Luftaufnahme aus dem Bombenschacht einer amerikanischen Maschine, links unten der Flughafen Tempelhof, Februar 1945

Rechts: US-Militärmaschine über dem Flughafen Tempelhof zur Zeit der Luftbrücke

Bald wurden infolge des zunehmenden Luftverkehrs die Flughafenanlagen beträchtlich erweitert, 1932 war Tempelhof Zentrum des Streckennetzes der Lufthansa und galt damals als Luftkreuz Europas.

In der Zeit des Nationalsozialismus erfuhr die zivile Luftfahrt eine enge Anbindung an die Luftwaffe, beide Zweige unterstanden dem Reichsluftfahrtministerium unter Hermann Göring. 1936 begannen in Tempelhof die Arbeiten am Gebäudekomplex für einen repräsentativen ›Weltflughafen‹ der Reichshauptstadt Berlin. Der Architekt war Ernst Sagebiel – derselbe, der das Luftfahrtministerium an der Leipziger Straße entworfen hatte. Von einer hundert Meter langen Abfertigungshalle gelangten die Passagiere zu den überdachten Flugsteigen; die großen konkaven Hallenanlagen setzen die Flugsteige nach beiden Seiten fort. Bis 1938 hatte sich Tempelhof zum am stärksten frequentierten Flughafen in Mitteleuropa entwickelt. In jenem Jahr zählte man hier dreiundsechzigtausend Flüge und zweihundertsiebenundvierzigtausend Passagiere. Es gab Direktflüge zu dreiundvierzig internationalen Zielen, schon 1937 hatte der Linienverkehr nach Nahost begonnen und im Juli 1939 nach Fernost. Mit Beginn des Zweiten Weltkriegs am 1. September 1939 wurde der zivile Luftverkehr jedoch reduziert, die Lufthansa mußte einen Großteil ihrer Maschinen an die Luftwaffe abgeben. Während des Kriegs war zum Schutz des strategisch so bedeutsamen Geländes die schwerbewaffnete SS-Panzerdivision in Tempelhof stationiert.

Bei ihrem ersten Vorstoß in die Reichshauptstadt ignorierte die mit ihren Panzern vorwärtsstrebende Rote Armee im April 1945 zunächst das Gelände und bewegte sich in Richtung Reichskanzlei. Die deutschen Verteidiger saßen in dem Flughafen wie in einer Falle, während um sie herum die Schlacht tobte. Es ist kaum vorstellbar, aber inmitten dieser Situation nutzte die Lufthansa Tempelhof weiter für die noch wenigen Flüge im Zivilverkehr. Am 21. April 1945, also nur wenige Tage vor der deutschen Kapitulation, verließ das letzte Flugzeug Tempelhof mit neun Passagieren an Bord in Richtung Stockholm.

Im Frühjahr 1945 diente der Flughafen für kurze Zeit als Basis der sowjetischen Luftwaffe, doch am 4. Juli desselben Jahres übernahmen gemäß der Erklärung von Jalta die US-Streitkräfte hier das Kommando. Die in dem Abkommen vorgesehene gemeinsame Verwaltung Berlins durch die alliierten Mächte sollte sich jedoch bald als eine Unmöglichkeit herausstellen. In den ersten Jahren nach dem Krieg spitzten sich die unüberbrückbaren Gegensätze zwischen Ost und West zu. Die Absicht der Sowjetunion, in der von ihr besetzten Zone einen sozialistischen Staat zu gründen, und die Tatsache, daß sich die Westalliierten dagegen gemeinsam zur Wehr setzten und ihrerseits die Bildung eines deutschen Staates nach ihren Vorstellungen forcierten, führten zu erheblichen Spannungen. Sie erreichten im Juni 1948 einen vorläufigen Höhepunkt, als die UdSSR versuchte, die Westalliierten aus West-Berlin hinauszudrängen. Sie unterbrach abrupt sämtliche Straßen- und Schienenverbindungen nach West-Berlin und damit die Versorgung der Bevölkerung. Doch diese Aktionen verfehlten ihr Ziel. Statt diese unsichere, von Trümmern übersäte Stadt inmitten der sowjetischen Zone aufzugeben, beschlossen die westlichen Alliierten, ihren Teil Berlins über den Luftweg zu versorgen.

Der Flughafen Tempelhof wurde zum Zentrum der Luftbrücke. Am 26. Juni 1948 landete hier das erste C-47 Transportflugzeug, beladen mit lebenswichtigen Gütern, darunter Mehl, Milch und Medizin. Auf dem Höhepunkt der Luftbrücke im April 1949 landete und startete alle zweiundzwanzig Sekunden ein Flugzeug auf den Landebahnen der drei Flughäfen in West-Berlin. Jede Maschine hatte immer nur einen einzigen Landeanflug. Wenn er nicht gelang, mußte der Pilot zurück nach Westdeutschland fliegen und warten, bis ihm ein neuer Platz in der Warteschlange zugewiesen wurde. Allein am 29. April wurden auf 1012 Flügen 6684 Tonnen Güter nach Berlin geflogen, darunter die ersten Bauteile für das Kraftwerk West. Die Sowjets mußten schließlich einsehen, daß die Blockade gescheitert war. Sie beendeten sie am 12. Mai 1949.

In den Jahren des Kalten Kriegs funktionierte der zivile Luftverkehr von und nach West-Berlin weiter über den Flughafen Tempelhof. Die Benutzung der drei Luftkorridore über der DDR war nur britischen, französischen und amerikanischen Fluggesellschaften gestattet.

Die Zahl der Fluggäste stieg kontinuierlich und erreichte 1971 fünfeinhalb Millionen. Damals war der Umzug des zivilen Luftverkehrs zum neuen Flughafen Tegel im Jahr 1975 bereits beschlossen, da Tempelhof seine maximale Auslastung erreicht hatte. Die US-Luftwaffe nutzte Tempelhof weiter, bis sie Berlin 1994 endgültig verließ. 1985 startete ein privater Zubringerdienst mit regionalen Flügen. Seit 1990 gibt es einen Linienverkehr für kürzere Strecken. Heute nutzen den Flughafen über eine Million Passagiere pro Jahr.

Rechts: Sowjetische Soldaten hissen ihre Fahne auf dem Dach des Flughafens. Im Vordergrund ein sowjetischer Kriegsberichterstatter mit seiner Kamera, April 1945

Unten: Der Haupteingang des Flughafens Tempelhof heute. Der Adler ist längst vom treppenförmigen Podest auf dem Dach entfernt worden

HAUS DES FREMDENVERKEHRS

Der Bürokomplex nördlich der Potsdamer Brücke war das erste Teilstück des von den Nationalsozialisten geplanten Umbaus von Berlin in die gigantische ›Welthauptstadt Germania‹. Der Standort für das Haus des Fremdenverkehrs war an der Südwestseite des gewaltigen sogenannten Runden Platzes vorgesehen, ein Teil der sieben Kilometer langen ›Großen Straße‹ mit prunkvollen Regierungsgebäuden und repräsentativen Sitzen deutscher Unternehmen. Die Straße führte vom monumentalen Südbahnhof nahe dem Tempelhofer Feld in Richtung Norden unter einem hundertundsiebzehn Meter hohen Triumphbogen hindurch, über den Runden Platz bis zur ›Großen Halle‹. Dieser monumentale Kuppelbau mit einer Höhe von zweihundert Metern sollte einmal als Versammlungshalle für einhundertachtzigtausend Menschen dienen.

Planung und Ausführung des ehrgeizigen ›Germania‹-Projekts lagen in den Händen des dreiunddreißigjährigen Generalbauinspektors Albert Speer. Trotz der enormen Kosten – einige Schätzungen gingen von sechsundneunzig Milliarden Reichsmark aus – sollte der Entwurf unter allen Umständen verwirklicht werden.

Bereits 1938 wurden in Vorbereitung des gewaltigen Bauvorhabens die Besitzer zahlreicher Gewerbe- und Wohngrundstücke enteignet, so daß schon am 14. Juni desselben Jahres in einer feierlichen Zeremonie von Adolf Hitler der Grundstein für das erste Gebäude gelegt werden konnte. Der Festakt am Haus des Fremdenverkehrs bildete zugleich das Signal für den Baubeginn an sechzehn weiteren Baustellen in diesem Gebiet.

Das Haus des Fremdenverkehrs konnte im Herbst 1941 fertiggestellt werden, wenige Wochen nach dem Überfall deutscher Truppen auf die Sowjetunion. Die Ausweitung des Kriegs hatte jedoch den sofortigen Baustopp aller weiteren Projekte der ›Welthauptstadt Germania‹ zur Folge.

Oben rechts: Das fertiggestellte Haus des Fremdenverkehrs im Juli 1941. Die übrigen Arbeiten an Bauten des Projekts ›Germania‹ waren infolge des Krieges bereits eingestellt worden

Unten rechts: Das Haus des Fremdenverkehrs im November 1945. Abgesehen von den schweren Schäden am Südflügel war das Gebäude relativ unversehrt

Linke Seite oben: Grundsteinlegung am 14. Juni 1938

Linke Seite unten: Letzte Arbeiten der Handwerker am Modell vom Haus des Fremdenverkehrs in der Berliner Werkstatt Albert Speers. Dieses Projekt markierte den Beginn der Realisierung von Hitlers großem Plan zur Umwandlung Berlins in die ›Welthauptstadt Germania‹

Das Gelände des vorgesehenen Runden Platzes befand sich in unmittelbarer Nähe zu sämtlichen administrativen Einrichtungen des ›Dritten Reichs‹ im Stadtzentrum – seit Beginn der alliierten Luftangriffe bevorzugtes Angriffsziel der amerikanischen und britischen Bomber. Nur wenige Gebäude blieben von der Zerstörung verschont. Das Haus des Fremdenverkehrs überlebte jedoch trotz seiner exponierten Lage bis in die letzten Kriegstage und sollte dann noch eine dramatische Rolle in der Verteidigung Berlins spielen.

Im April 1945 standen die Soldaten der Zweiten Weißrussischen Armee unter General Wassili Tschuikow am südlichen Ufer des Landwehrkanals. Um weiter nach Norden in Richtung Reichskanzlei vordringen zu können, mußten sie die Potsdamer Brücke unmittelbar vor dem Haus des Fremdenverkehrs überqueren. Ihnen gegenüber auf der anderen Seite des Kanals standen Truppen unter General Helmuth Weidling, dem Kommandanten von Berlin. Ihm war die undankbare Aufgabe zugefallen, die sowjetischen Heeresgruppen so lange aufzuhalten, bis ein Separatfrieden mit den Amerikanern und Briten geschlossen war. Er hatte die Brücke verminen lassen, einige seiner Leute im Haus des Fremdenverkehrs postiert und ihnen befohlen, jeden zu erschießen, der versuche, über die Brücke zu gehen. Die Russen allerdings wandten ein Täuschungsmanöver an und legten in Diesel getauchte Sandsäcke auf einige Panzer, zündeten sie an und fuhren damit über die Brücke. Als die deutschen Soldaten im Haus des Fremdenverkehrs die brennenden Fahrzeuge herankommen sahen, glaubten sie, die Panzer seien zerstört. Sie unterbrachen ihr Feuer, um wertvolle Munition zu sparen. Die Panzer jedoch überquerten die Brücke und konnten nun aus der Nähe das Haus unter Beschuß nehmen.
Mit diesem Manöver schafften es die Russen, den strategisch wichtigen Brückenkopf über den Landwehrkanal einzunehmen und den Weg zum nur einige Straßenzüge entfernten ›Führerbunker‹ frei zu machen.

Das Haus des Fremdenverkehrs mit einem ausgedehnten Grundriß mußte am Südflügel zwar einige schwere Schäden davontragen, doch war es nach dem Krieg noch immer relativ gut erhalten. Bis zu seinem Abriß blieb es dennoch ungenutzt. Westlich des freigeräumten Geländes wurde 1965 mit dem Bau der Neuen Nationalgalerie nach dem Entwurf von Ludwig Mies van der Rohe begonnen. Die alte Potsdamer Straße, an der der Ostflügel des Hauses des Fremdenverkehrs gelegen hatte, wurde in den sechziger und siebziger Jahren von Hans Scharoun mit der neuen Staatsbibliothek überbaut. Der Verlauf der Straße wurde deutlich nach Westen verlegt, die alte Potsdamer Brücke abgerissen und durch einen weiter westlich gelegenen Bau ersetzt.

Das Fundament der nach dem Krieg abgerissenen alten Potsdamer Brücke. Dahinter die Staatsbibliothek von Hans Scharoun. Links außerhalb der Fotografie liegt die Neue Nationalgalerie, ab 1965 westlich vom einstigen Gelände des Hauses des Fremdenverkehrs erbaut

FLAKTURM AM ZOO

In den frühen Morgenstunden des 26. August 1940 drangen fünfzig Bomber der britischen Luftwaffe in den Berliner Luftraum ein. Wegen der dichten Wolkendecke verloren die Piloten jedoch die Orientierung und warfen den größten Teil ihrer Ladung auf einem freien Feld weit im Süden der Stadt ab. Getroffen wurde nur ein steinernes Gartenhäuschen in Rosenthal.

Trotz des geringen Schadens war der Luftangriff eine böse Überraschung für die nationalsozialistische Führung, denn bisher galt Berlin als sicher vor solchen Attacken. Zwei Wochen später gab Hitler den Befehl zur Errichtung von sechs Flaktürmen. Ausgestattet mit Radar, Suchscheinwerfern sowie leichten und schweren Flakgeschützen sollten sie das Rückgrat des Luftabwehrsystems für Berlin bilden.

Der Flakturm I, ein riesiger Klotz aus Beton in der Südwestecke des Tiergartens, war die erste Festungsanlage, die den Dienst aufnahm. Der von der Luftwaffe in nur einem halben Jahr errichtete Turm erhob sich auf zweieinhalb Meter dicken Eisenbetonmauern vierzig Meter über dem Boden und steckte sechs Stockwerke tief im Brandenburgischen Sand.

Nach den Vorstellungen der Architekten sollten diese Bunkerbauwerke aussehen wie mittelalterliche Burgen und nach dem ›Endsieg‹ eine Verkleidung aus Ziegeln und Steinen erhalten. Zunächst blieben die Turmmauern jedoch nackt. Die des Zoobunkers wurden grün gestrichen – passend zum Blätterwerk des Tiergartens.

Ansicht des Flakturms am Zoo im Jahr 1945; Blick in Richtung Norden über den Landwehrkanal. Solche koloßartigen Festungen sollten die Berliner vor feindlichen Luftangriffen schützen

Auf dem Dach des Turms wurden an jeder der vier Ecken große Schiffsgeschütze aufgebaut. Auf der Etage darunter befanden sich Quartiere für die hundert Flakschützen, die für den Betrieb der Turmartillerie erforderlich waren. Eine weitere Etage tiefer lag ein Lazarett mit fünfundneunzig Betten, komplett ausgestattet mit Operationsräumen und Röntgengeräten. Die dritte Etage diente als Lagerraum, und in den ersten beiden Etagen befanden sich ein Luftschutzbunker, Vorratsräume und Küchen. In den unterirdisch gelegenen Etagen gab es eine Belüftungsanlage, Stromgeneratoren und das Munitionslager. Der Bau verfügte außerdem über eine eigene Wasser- und Stromversorgung sowie ausreichend Lebensmittel für die Versorgung eines Besatzungstrupps über ein ganzes Jahr.

Zeitweise hielten sich in dem Bunker neunundzwanzigtausend Zivilisten und zweitausend Soldaten auf. Joseph Goebbels hatte sich ein paar Räume reservieren lassen, um eine Ausweichmöglichkeit zu seinem geheimen Bunker in der Wilhelmstraße zu haben.

Nach dem Ende des Zweiten Weltkriegs wurde der Turm zeitweise noch als Krankenhaus genutzt. Doch konnte dies selbstverständlich nur eine vorübergehende Maßnahme sein, denn der ›Schandfleck‹ sollte verschwinden.

Ein erster Versuch britischer Pioniere im Jahr 1947, den Turm mit zwanzig Tonnen TNT zu sprengen, schlug fehl. Nach einigen weiteren Mißerfolgen legten sie schließlich Thermitladungen an, wofür vierhundertfünfunddreißig Löcher in die Turmmauern gebohrt werden mußten.
Jetzt funktionierte es. Die letzten Reste der Trümmer des Flakturms wurden 1955 abgeräumt.

Heute befinden sich am ehemaligen Standort des Flakturms am Zoo die Tiergehege und Wege des erweiterten Berliner Zoologischen Gartens.

Links außen: Küchenbedienstete posieren für die Kamera hinter den riesigen Suppentöpfen des Flakturms am Zoo. In dem Turm lagerten ausreichend Lebensmittel, um die Besatzung ein volles Jahr lang zu versorgen

Links: Patienten am Luftschutzbunker des Flakturms. Die Festung diente nach Kriegsende kurzzeitig als Krankenhaus

Oben rechts: Monatelang widerstand der Flakturm sämtlichen Versuchen der Briten, ihn in die Luft zu sprengen. Diese Aufnahme zeigt den zerstörten Bau 1948

Unten rechts: Das Freigehege für die Warzenschweine im nach dem Krieg erweiterten Zoologischen Garten von Berlin

WIRTSHAUS ALT BERLIN

Heute müßte man schon einen Landvermesser zu Rate ziehen, wollte man den ehemaligen Standort des Wirtshauses ›Alt Berlin‹ exakt bestimmen. Das historische Gasthaus ist mitsamt dem ›Kiez‹ spurlos verschwunden.

Die Geschichte dieses Stadtgebiets reicht bis in die Mitte des dreizehnten Jahrhunderts zurück. Auf dem südöstlichen Ende der Spreeinsel, zur Stadt Cölln gehörend, siedelten sich schon früh Bootsleute, Fischer und Händler an. Vom cöllnischen Fischmarkt aus führte die Fischerstraße bis zur Friedrichsgracht. Die um 1680 entstandene Straße entlang des Flusses, wo zum Teil stattliche Häuser errichtet wurden, ist heute noch als Uferweg vorhanden. Das alte Wirts- und Gasthaus wurde wahrscheinlich um die gleiche Zeit gebaut. Es waren die Jahre nach dem Dreißigjährigen Krieg, als die Stadt sich langsam von seinen verheerenden Auswirkungen zu erholen begann.

Einquartierung von Soldaten, Requirierung, Brandschatzung und immer wieder auftauchende Seuchen hatten das alte Fischerquartier zwischen 1628 und 1641 schwer in Mitleidenschaft gezogen. Doch nach dem 1648 geschlossenen Westfälischen Frieden konnte Friedrich Wilhelm, der Große Kurfürst, darangehen, die Stadt wiederaufzubauen. Dank seiner wirtschaftsfördernden Maßnahmen blühte Berlin auf. Die nahegelegenen Hafenanlagen konnten wiederhergestellt und ein neues Kanalsystem beendet werden, das die Wasserstraßenverbindung zwischen Oder und Elbe schloß. Berlin wurde zum Knotenpunkt für den Binnenhandel zwischen Ost und West, zwischen Hamburg und den Niederlanden sowie den westlichen Teilen Schlesiens und Böhmens. Eine neue Berliner Schiffergilde wurde gegründet, der Wollhandel florierte, die Kaufleute vereinigten sich in Zünften. Der Fischerkiez lebte auf. Lager- und Wohnhäuser entstanden, neue Straßen durchzogen das gewachsene Stadtgebiet. An der Petristraße, benannt nach der Petrikirche, die sich dort

Linke Seite: Ein Stadtführer erklärt die bewegte Geschichte des Viertels, um 1928

Oben rechts: Eine ruhige Ecke im ›Fischerkiez‹, ein jahrhundertealtes Viertel, das als Handelsposten am südlichen Ufer der Spreeinsel begann. Das Wirtshaus ›Alt Berlin‹ war nicht das älteste und auch nicht das berühmteste Gebäude im Kiez. Diese Ehre kam der Gaststätte ›Zum Nußbaum‹ zu, deren Ursprünge bis auf das Jahr 1571 zurückgehen. Ein Nachbau des ›Nußbaums‹ existiert heute im Nikolaiviertel

Rechts: Das zerstörte Gast- und Wirtshaus bei Kriegsende. Der ganze Kiez wurde schließlich planiert, um einer Reihe von Wohnhochhäusern Platz zu machen, die dann zum großen Teil von DDR-Kadern bewohnt wurden

erhob, wo heute die Gertraudenstraße verläuft, stand später dann das Wirtshaus ›Alt Berlin‹.

Trotz des Engagements nachfolgender preußischer Könige für Berlin veränderte sich im Fischerkiez von nun an jedoch nicht mehr viel. Die Lebensbedingungen blieben im wesentlichen wie sie waren; enge, dunkle Gassen charakterisierten auch künftig die Umgebung des Wirtshauses. Während auf der Prachtallee Unter den Linden, nur ein paar Häuserblocks weiter nördlich, ein Palais nach dem anderen entstand und der modisch gekleidete Adel flanierte, fristeten hier an der Ecke Petristraße selbst die mittleren Stände ein eher bescheidenes Dasein. Die Häuser waren kalt und feucht und nur spärlich möbliert. Das Essen war fad, nicht besonders nahrhaft, die sanitären Einrichtungen primitiv. Die nächsten zweihundert Jahre sollte das Leben nahezu unverändert nach demselben Schema ablaufen: Der ganze Tag war ausgefüllt mit harter Arbeit, und am Abend ging man ins Wirtshaus, um gemeinsam mit anderen zu trinken. Erst als sich zu Beginn des zwanzigsten Jahrhunderts auch in diesem alten Viertel allmählich die Auswirkungen der industriellen Revolution bemerkbar machten, wurden den Bewohnern solche Errungenschaften wie fließendes Wasser und Strom zuteil.

Die Wände des alten Wirtshauses sind wahrscheinlich am Morgen des 3. Februar 1945 in Flammen aufgegangen, als eintausend amerikanische Bomber mehr als zweitausendzweihundert Tonnen Bomben über den zentralen Stadtbezirken abwarfen. Dies war der erste Luftangriff der amerikanischen Luftwaffe bei Tag – es blieb nicht der letzte.

Nach Kriegsende passierte zunächst nicht viel im Fischerkiez. Die Trümmer der zerbombten Häuser wurden abgeräumt, die noch übriggebliebenen Gebäude verfielen langsam. Die sozialistischen Stadtplaner vertraten den Standpunkt, es sei nicht der Mühe wert, den früheren Charme dieses Gebietes wiederherstellen zu wollen. »Es ist nicht beabsichtigt, das kapitalistische Zentrum wiedererstehen zu lassen«, erklärte der Chefarchitekt von Ost-Berlin 1967. Die zu erwartenden Kosten stünden in keinem Verhältnis zu dem erreichbaren Effekt.

Statt dessen beschlossen die Stadtplaner, auf dem Areal des Fischerkiezes Hochhäuser zu errichten, um dem noch immer chronischen Wohnungsmangel in Ost-Berlin abzuhelfen. 1969 wurde ein einundzwanziggeschossiger Wohnblock annähernd an derselben Stelle eingeweiht, an der das alte Wirtshaus einst gestanden hatte. Es war das erste der sieben Hochhäuser, die heute das Bild südlich des Stadtzentrums auf der Fischerinsel prägen.

Viele der Mieter in den neuen Wohnungen zählten zur DDR-Elite. Auch der damalige Geheimdienstchef der DDR Marcus Wolf gehörte zu ihnen. Bei der Vergabe des Wohnraums an die Funktionäre spielten jedoch auch in diesen Fällen soziale Maßstäbe eine Rolle. So erhielt ein einzelner nicht mehr als fünfundsiebzig Quadratmeter Wohnraum.

Rechte Seite: Am Ort des einstigen Gasthauses ›Alt Berlin‹ steht seit 1969 ein zweiundzwanzigstöckiges Wohnhaus mit damals begehrten Komfortwohnungen mit Bad und Zentralheizung

Eine typische Zweiraumwohnung umfaßte etwa neunundzwanzig Quadratmeter und bestand aus einem winzigen, fensterlosen Bad, einer schmalen, vom Wohnraum abgeteilten Küche und einem kleinen Schlafzimmer.
Im gesamten Komplex hatte kein Raum mehr als achtzehn Quadratmeter, aber jede Wohnung Zentralheizung und Warmwasser – im Ost-Berlin der sechziger Jahre der Inbegriff von Luxus.

Die Bewohner dieser Hochhäuser waren in Hausgemeinschaften organisiert, in jeder Etage gab es einen Etagenbeauftragten. In regelmäßigen Zusammenkünften beriet man über notwendige Maßnahmen des täglichen Ablaufs und entschied, wofür das Kontingent der Hausgemeinschaft ausgegeben werden sollte. An manchen Abenden traf man sich im Clubraum zum ›geselligen Beisammensein‹, wie auch noch im Jahr 1999, als man hier das dreißigjährige Bestehen des Hauses feierte.

CAFÉ KRANZLER

Im Jahr 1825 eröffnete ein junger Zuckerbäcker aus Wien an der Ecke Friedrichstraße, Unter den Linden, der vornehmsten Straße in ganz Preußen, ein neues Kaffeehaus.

Um sein Etablissement besonders attraktiv zu machen, ließ Georg Kranzler für seine Gäste Rauchsalons einrichten; ein äußerst kluger Schachzug, da das Rauchen seinerzeit auf der Straße und allgemein in der Öffentlichkeit verboten war. Kranzler war außerdem der erste in Berlin, der Tische und Stühle auf den Gehweg vor seinem Café stellte, was zunächst zwar auf den energischen Widerspruch der Berliner Stadtverwaltung stieß, von anderen Gastronomen jedoch sehr rasch nachgeahmt wurde.

Cafés waren zur damaligen Zeit die Orte, an denen die Bürger zusammenkamen, um ungestört von Spionen des Königs über Politik zu diskutieren oder ausländische Zeitungen zu lesen, in denen Nachrichten standen, die in den von der Zensur überwachten Berliner Tageszeitungen nicht erschienen.

Das Café Kranzler scheint allerdings eher ein konservativer Treffpunkt gewesen zu sein. Ernst Dronke, ein Weggefährte von Karl Marx, beklagte zum Beispiel die hoffnungslos banale Atmosphäre im Kranzler.

Oben: Die Terrasse des Kranzler an einem schönen Sommertag im Jahr 1938

Rechts: Das Café Kranzler an der Ecke Friedrichstraße, Unter den Linden, 1924. Die größte Konkurrenz des Kranzler, das Café Bauer, ist links zu sehen

SCHLOSS-ATELIER
GLORIA-FILM
ART FISCHER
MALER
KRANZLER
SAROTTI
Dujardin
Carl Gust. Gerold
Invalidendank

Das zerstörte Café im November 1945. Kranzler eröffnete noch einmal ein Café auf der anderen Straßenseite, zog aber in den fünfziger Jahren mit seinem Etablissement an den Kurfürstendamm

Dabei hatte er sicher die zahlreichen jungen Männer im Sinn, die den ganzen Nachmittag Eiscreme essend auf der Caféterrasse saßen und sich über ihre Pferde unterhielten. Viele dieser Müßiggänger trugen Uniform, was den Schriftsteller Friedrich Saß veranlaßte, das Kranzler als »Walhalla der Berliner Gardeleutnants« zu bezeichnen.

Tagsüber wurde das Geschäft strikt im Sinne der strengen österreichischen Moral der Familie Kranzler geführt (es durfte kein Bier oder Alkohol in irgendeiner Form ausgeschenkt werden), doch wenn die Schatten länger wurden, mußten auch hier die dann von den Straßen kommenden Freudenmädchen bedient werden. Im Jahr 1892 war die Zahl der Unter den Linden flanierenden Prostituierten so gestiegen, daß die Stadtverwaltung den Boulevard nach Einbruch der Dunkelheit von Polizeibeamten absperren ließ. In den zwanziger Jahren hatte sich das Berliner Nachtleben weiter in Richtung Norden in die Nähe des Bahnhofs Friedrichstraße und nach Westen an den Kurfürstendamm verlagert. Die Gäste des Kranzler konnten nun wieder ungestört ihren Kaffee trinken und ihre Cremetörtchen genießen.

Während des Zweiten Weltkriegs hielt das Kranzler seinen Betrieb die meiste Zeit aufrecht, auch wenn nur noch Ersatzkaffee serviert werden konnte und die Auswahl der internationalen Zeitungen im Rauchsalon enttäuschend gering war. Im Jahr 1941 hatte auch das Zigarettenmädchen nichts mehr zu verkaufen, und so brachte es seine Zeit damit zu, die alten Polster des Cafés mit Paketschnur zu flicken. Je länger der Krieg dauerte, desto weniger Gäste kamen ins Kranzler. Mit der Zeit mußten schließlich alle Kellner bis auf drei entlassen werden, die sämtlich über siebzig Jahre alt waren.

Als die Rote Armee im Mai 1945 die ›Linden‹ entlangkam, lag das historische Café in Trümmern. Die Besitzer des Kranzler retteten aus dem Schutt, was zu retten war, und verlagerten ihr altes Café auf die andere Straßenseite.

Doch die Geschäfte gingen lange nicht so gut wie erwartet. Kaffee war nur außerordentlich schwierig zu beschaffen: Für ein Pfund Kaffeebohnen mußte man auf dem schwarzen Markt zum Beispiel zwanzig Liter Benzin bieten. Darüber hinaus erschien es angesichts der Beschränkungen des freien Unternehmertums im sowjetischen Sektor eher fraglich, ob es zu einer geschäftlichen Wiederbelebung der ›Linden‹ kommen würde. Tatsächlich blieb der stark zerstörte Boulevard Unter den Linden noch viele Jahre nach dem Krieg jeden Abend im Dunkeln. Erst im Jahr 1954 wurde die Straßenbeleuchtung erneuert.

Vor dem Hintergrund dieser nicht gerade vielversprechenden Ausgangslage taten es die Eigentümer des Café Kranzler zahlreichen anderen Geschäftsleuten gleich und gingen nach West-Berlin. Im Jahr 1957 eröffneten sie an der Ecke Kurfürstendamm/Joachimstaler Straße ein neues Café mit vierhundertundfünfzig Plätzen. Die rot-weißen Markisen des Cafés und die Rotunde im dritten Stock wurden bald zu einem in ganz West-Berlin bekannten Markenzeichen des Kranzler und zum Ziel ungezählter Sightseeing-Touren für Touristen.

Die Ruine des ursprünglichen Cafés in Ost-Berlin wurde schließlich abgetragen und an deren Stelle 1966 ein Block in Plattenbauweise errichtet, in dem unter anderem Räume der Staatlichen Porzellanmanufaktur Meißen untergebracht wurden.

Neben diesem Gebäude wurde Mitte der achtziger Jahre das Grand Hotel gebaut, ein Luxushotel im Besitz der staatlichen Interhotel-Gruppe, mit dem die DDR die so bitter benötigten harten Devisen einzunehmen hoffte.

Das am 1. August 1987 eingeweihte Hotel erinnert mit seiner Sandsteinfassade an den neoklassizistischen Stil des späten neunzehnten Jahrhunderts. Die Empfangshalle des Grand Hotel war im Jugendstil gehalten, und die luxuriöse Ausstattung der Suiten, bei denen man dreitausendundachthundert Mark für eine Übernachtung zahlte, ließen den Gast schon mal für einen Augenblick vergessen, daß er im Herzen einer sozialistischen Hauptstadt nächtigte.

Mitte der neunziger Jahre wurde mit dem Unternehmen Westin Hotels & Resorts ein Vertrag zur Übernahme des Grand Hotel bis zum Jahr 2017 geschlossen.

Indessen ist das Café Kranzler auf dem Kurfürstendamm ein Unternehmen auf Abruf geworden. Die hundertvierundsiebzig Jahre alte Tradition des Kranzler geht spätestens im Juni 2000 zu Ende, denn danach soll in der Rotunde an der Joachimstaler Straße eine Cocktailbar eingerichtet werden.

Linke Seite: Das nüchterne Gebäude aus den sechziger Jahren an der Ecke Friedrichstraße, Unter den Linden beherbergte ein Geschäft der Staatlichen Porzellanmanufaktur Meißen. Direkt dahinter das noch im Bau befindliche Grand Hotel

---

Unten: Blick auf die Kreuzung Unter den Linden/Friedrichstraße heute. Das historische Foto auf Seite 120/121 wurde von einem Haus aufgenommen, das heute nicht mehr existiert

PSCHORR-HAUS

Das Pschorr-Haus gehörte in den ›goldenen‹ zwanziger Jahren zu einem Dutzend guter Wein- und Bierlokale, die den Potsdamer Platz zu einem attraktiven Vergnügungsort für die Berliner machten. Die gastronomische Tradition an diesem Ort ist jedoch weit älter. Speisen und Getränke servierte man hier schon, als der Potsdamer Platz noch ländliches Gebiet westlich der alten Zollmauer der Stadt war.

Mitte des achtzehnten Jahrhunderts siedelten sich in der Gegend französische Hugenotten an, die vor der Religionsverfolgung in ihrer Heimat geflüchtet waren. Sie begannen mit der Kultivierung des Landes. Um sich ein Zubrot zu verdienen, boten diese Refugiés den Berlinern, die auf ihrem Weg zum Tiergarten das Leipziger Tor passierten, Kaffee, Backwaren und andere selbst zubereitete Speisen an.

In den darauffolgenden Jahren wurden auf dem Platz Restaurants und Cafés eröffnet, die gern von den Bewohnern des neuen Viertels besucht wurden, das sich mit Villen und Landhäusern nach und nach in südlicher und westlicher Richtung ausbreitete. Grüne Refugien wie das Café Josty am Potsdamer Platz erfreuten sich bei den begüterteren Berlinern großer Beliebtheit. Dort konnte man in Ruhe sitzen und sich bei einer Tasse Mokka mit ein paar Freunden so manche angenehme Stunde bereiten.

Oben: Die Conditorei Telschow im Jahr 1909, nur wenige Monate bevor sie abgerissen wurde, um Platz für das Pschorr-Haus zu machen

Rechts: Eine malerische Ansicht des Pschorr-Hauses aus dem Jahr 1928, vom Leipziger Platz aus gesehen

Pschorr
Pschorr
Sei schön durch
Sind's die Augen, geh' zu Ruhnke
Pschorr-Bräu
PSCHORRHAUS
Pschorr-Haus
Bräu-Stübl
Pschorr
ERSTE HILFE
Persil
Persil bleibt Persil

Noch bis zum Ende des neunzehnten Jahrhunderts behaupteten sich hier einige wenige Cafés. Zum Beispiel die Conditorei Telschow, ein einfaches, dreigeschossiges Haus mit einer großen Terrasse, auf der Bäume Schatten spendeten.

Angesichts der zunehmenden Belästigung durch Lärm und Abgase am Potsdamer Platz war es mit der Beschaulichkeit auf der Terrasse jedoch längst vorbei. So blieb den Eigentümern schließlich nichts anderes übrig, als ihr Café zu verkaufen. Im April 1909 begannen die Bauarbeiten für ein Etablissement, das mit den neuen Zeiten besser im Einklang stand.

Das Pschorr-Haus war nicht das einzige Wein- und Bierlokal, das sich um die Jahrhundertwende am und um den Potsdamer Platz ansiedelte. In der Nachbarschaft traten das Bierhaus Siechen, das Weinhaus Huth und Rheingold genauso wie das Pschorr-Haus an, um mit einer Gastronomie im großen Stil ihr Geschäft zu machen. Riesige Säle mit verschwenderisch verzierten Holzvertäfelungen, edlem Marmor und feinen Mosaiken warben um immer mehr Gäste, die nunmehr nicht nur aus den oberen Schichten kamen. Moderate Preise lockten auch die Kleinverdiener in die Festsäle. Das Vergnügen für die Allgemeinheit wurde zu einem respektablen Geschäftszweig.

Oben: Vor dem leeren Pschorr-Haus im Jahr 1951. Direkt am Gebäude trafen der britische, der amerikanische und der sowjetische Sektor zusammen

Rechts: Eine Ansicht aus ähnlicher Perspektive wie das Foto auf Seite 126/127, links das Potsdamer Tor, rechts das Pschorr-Haus, 1947

Am Morgen
Der Morgen
Nacht-Express

Das Pschorr-Haus überlebte den Zweiten Weltkrieg leider nicht. Bei einem der vielen Luftangriffe auf das nahegelegene Regierungsviertel an der Wilhelmstraße wurde es zerstört. Nur eines der ehemals etwa zwölf Bier- und Weinhäuser um den Potsdamer Platz blieb erhalten. Das Weinhaus Huth an der Potsdamer Straße stand noch viele Jahre als einsames Relikt aus der Vergangenheit auf einem öden Terrain voller Ziegelstaub und Unkraut an der Westseite der Berliner Mauer.

Nach den historischen Ereignissen des November 1989 bewarb sich Daimler-Benz, heute DaimlerChrysler, als erster um das lange vergessene Areal, das über Nacht zu einem Filetstück des gewerblichen Immobilienmarkts in Europa geworden war. Nach dem 1991 entschiedenen städtebaulichen Wettbewerb für das gesamte Gelände um den Potsdamer Platz, den die Münchner Architekten Heinz Hilmer und Christoph Sattler gewannen, schrieb Daimler-Benz für sein Grundstück einen Architektenwettbewerb aus. Für ein Großteil der Bauten erhielt der italienische Architekt Renzo Piano den Zuschlag. Der Entwurf Pianos sollte jedoch nur ein Teil eines Stadtviertel aus unterirdisch durch riesige Parketagen miteinander verbundenen Gebäuden sein, der sich nach Süden bis zum Landwehrkanal und nach Westen bis zur Staatsbibliothek ausdehnt. Zu dem fünfhunderttausend Quadratmeter umfassenden Komplex gehören unter anderem ein Hotel, ein Theater, Kinos, Wohnungen, eine Einkaufspassage und ein Verwaltungsgebäude für den DaimlerChrysler-Konzern.

Rechte Seite: Vom Leipziger Platz aus blickt man heute auf die beiden Hochhäuser der Architekten Renzo Piano (links) und Hans Kollhoff (rechts)

Eingeschlossen war auch die Planung eines achtzehnstöckigen Büro- und Einkaufszentrums am Rand des Potsdamer Platzes am ehemaligen Standort des Pschorr-Hauses.

Bei den Ausschachtungsarbeiten für das Fundament im Jahr 1994 entdeckten die Arbeiter zahlreiche Relikte aus der jüngeren Vergangenheit des Platzes. Unter den Schichten aus Ziegelschutt und verrosteten Rohren fanden sich einige unversehrte Kaffeetassen mit den Initialen des längst untergegangenen Café Josty, ein Emailleschild einer Detektei in der Potsdamer Straße, ein Raketenwerfer und der Holzdeckel eines Bierfasses von Schultheiß.

Der erste Abschnitt des DaimlerChrysler-Komplexes wurde im Herbst 1998 fertiggestellt. Das Hochhaus, das heute auf dem ehemaligen Standort des Pschorr-Hauses steht, wurde 1999 eingeweiht.

UNICEF
hilft
Kindern.
Das
Neue Berlin
hilft
UNICEF.
Deutschlands größte
Leinwand!
3-D
200 m
DISCOVERY CHANNEL
IMAX
AQUA-TEK
CINEMAX

ROMANISCHES CAFÉ

Das Romanische Café wurde in den Jahren nach seiner Eröffnung 1895 zu einem Refugium für Künstler, Radikale und andere, die dem großspurigen Gehabe der Gesellschaft des Kaiserreichs entfliehen wollten.

Ursprünglich hatte die Berliner Boheme ihre Tage nebenan im Café des Westens verbracht. Doch eine Gruppe renommierter Künstler kehrte diesem Ort den Rücken, nachdem der Eigentümer den stets für sie reservierten Tisch in einen weniger begehrten Teil des Raumes umgestellt hatte. Die verärgerten Künstler testeten zunächst einige andere Etablissements in der Umgebung, um sich zu guter Letzt für das Romanische Café am Auguste-Viktoria-Platz (heute Breitscheidplatz) zu entscheiden.

Ein ungeschriebenes Gesetz war die Trennung der Café-Gäste in zwei Lager. Zu dem einen gehörten jene, die sich bereits einen Namen gemacht hatten, zu dem anderen die Namenlosen, die erst noch etwas werden mußten. Unter den Erfolgreichen waren Künstler wie Otto Dix und Hugo Lederer, die sich einen Spaß daraus machten, Karikaturen auf Papierservietten zu kritzeln. Ihr Kollege Emil Orlik war bekannt dafür, daß er Porträts auf Papierfetzen zeichnete, die er aus seinen Hosentaschen zog. An einem anderen Tisch hielt die Dichterin Else Lasker-Schüler gemeinsam mit ihren fabelhaften Freunden Hof, während ein Portier mit Namen Neitz dafür sorgte, daß die Massen der Bewunderer nicht in das Café eindrangen.

Die Mischung der übrigen Gäste war indes nicht weniger farbenfroh. Talmudschüler, preußische Grundbesitzer und Dadaisten mit rasierten Schädeln saßen Seite an Seite mit Marxisten in Cowboystiefeln und Dichtern mit schulterlangem Haar. Ein weiß gekleideter Mathematiker trug ein Monokel und verspeiste Regenwürmer. Die ärmeren Gäste in diesem Lager übten sich in der klassischen Kunst der Nassauerei. Oder sie saßen solange wie nur irgend möglich vor einer Tasse Kaffee, bis man entweder genötigt wurde, zu gehen oder eine weitere Tasse zu bestellen.

Linke Seite außen: Rendezvous im Romanischen Café. Die Stammgäste hießen auch ›Luftmenschen‹. Meist hatten sie wenig Geld und schienen von der Atmosphäre des Cafés zu leben

Linke Seite: Ein müder Kellner bei der Abrechnung um drei Uhr morgens, 1929

Oben rechts: Das Romanische Café an einem schönen Herbsttag im Jahr 1931

Unten rechts: Das Café nach dem Krieg, vor seinem Abriß

Bis weit nach Mitternacht wurde geraucht, geredet und gelacht. Morgens kamen dann die Nachtschwärmer zurück in das Café, um dort in Ruhe zu frühstücken und Kaffee zu trinken. Die offenbar sehr nüchterne Stimmung zu dieser Tageszeit beschrieb der damals in Berlin lebende Schriftsteller Matheo Quinz: »In den frühen Morgenstunden von acht bis zehn herrscht dort eine infernalische Atmosphäre: kalter Rauch, ein widerlicher Geruch von Puder, Bohnerwachs und Staub.«

Die Stammkunden des Romanischen Cafés waren eifrig darauf bedacht, sich nicht den Zorn des Wirtes, Herrn Fiering, zuzuziehen. Wer sich danebenbenahm, bekam einen Zettel, auf dem stand: »Sie werden aufgefordert, unser Etablissement nach Bezahlung Ihres Getränkes zu verlassen und es nie wieder zu betreten. Sollten Sie dieser Aufforderung nicht Folge leisten, werden wir Sie wegen Hausfriedensbruches anzeigen.« Ein Hausverweis kam für manchen einem gesellschaftlichen Todesurteil gleich.

Auch noch nach dem Ersten Weltkrieg blieb das berühmte Café das kulturelle Mekka der Stadt, auch wenn der Besitzer des Cafés des Westens verschiedene Versuche unternahm, seine alten Kunden in sein neues Etablissement am Kurfürstendamm zu locken. Zu der bekannten Mischung aus Malern, Philosophen und Tänzern gesellte sich allmählich die neue Prominenz vom Film, unter anderem der Regisseur Billy Wilder. An seinem privilegierten Platz unter den Berühmtheiten konnte er beispielsweise sein neuestes Projekt mit seinem Kollegen Robert Siodmak diskutieren, während die hoffnungsvollen jungen Schauspielerinnen einige Tische weiter versuchten, seine Aufmerksamkeit zu erregen.

In den dreißiger Jahren mischten sich immer mehr Gestapoleute in Lederjacken unter die Gäste des Romanischen Cafés. Das war der Anfang vom Ende des Literatencafés. Die neuen Besucher mit NS-Parteiabzeichen und intellektuellen Ambitionen vertrieben nach und nach die noch übriggebliebene Künstlergemeinde. Viele Gäste wanderten ab zum Café Zuntz an der Tauentzienstraße.

Nach dem Krieg war von dem ehemals lebendigen Viertel rund um das Romanische Café nicht mehr viel übrig. Im Jahr 1962 begannen Bauarbeiten am ehemaligen Standort des alten Cafés an der Südseite des Breitscheidplatzes. Im Rahmen des neuen Projektes, das die nächsten drei Jahre in Anspruch nehmen sollte, entstanden ein Büroturm und ein Ladenkomplex mit fünfzehntausend Quadratmetern Verkaufsfläche, mit dem Deutschland Anschluß an die internationale Bewegung der modernen Baukunst gewinnen wollte. Wenn auch das an einen amerikanischen Wolkenkratzer erinnernde Europa-Center mit seinen zweiundzwanzig Etagen im harten Kontrast zu der Ruine der Kaiser-Wilhelm-Gedächtniskirche steht, so wurde doch der rotierende Mercedesstern auf seinem Dach zu einem beständigen Symbol des Wirtschaftsaufschwungs in West-Berlin.

Das Europa-Center, 1965 fertiggestellt, mit dem zweiundzwanziggeschossigen Büroturm und einem vorgelagerten Flachbau, in dem Geschäfte und Gastronomie untergebracht sind

HAUS VATERLAND

Das ›Haus Vaterland‹ begann seine Existenz 1912 als Haus Potsdam. Es war einer der zahlreichen Bauten des äußerst produktiven Architekten Franz Schwechten, von dem unter anderem das Romanische Café, die Kaiser-Wilhelm-Gedächtniskirche und das bemerkenswerte Eingangstor zur AEG-Fabrik in der Brunnenstraße stammen. Neben dem Potsdamer Bahnhof gelegen, beherbergte dieses lange, schmale Haus Potsdam Büros, Restaurants, ein Kino und ein luxuriöses Café namens Piccadilly, das sich über zwei Etagen erstreckte. 1914, im ersten Jahr des Ersten Weltkriegs, erhielt das Haus Potsdam den patriotischeren Namen ›Haus Vaterland‹. Auch das Café Piccadilly legte seinen allzu britischen Namen ab und wurde zum ›Deutschen Caféhaus‹.

Im Jahr 1927 begann unter dem Besitzer Carl Stahl-Urach die Umgestaltung zu einem gastronomischen Phantasieland, wie es dies in Berlin zuvor noch nicht gegeben hatte. Das Etablissement, das im darauffolgenden Jahr von dem Gastronomen Hans Kempinski erworben und weiter ausgebaut wurde, erhielt ein Wiener Heurigenlokal, eine spanische Bodega und einen Wildwest-Saloon. Die Gestaltung des Saloons erinnerte an ein Blockhaus mit einem besonders bunten Innenraum. Die Musiker trugen Sombreros und mexikanische Gewänder, und spielten, bewacht von den Glasaugen eines ausgestopften Bären, Evergreens.

Begeistert zeigten sich die Gäste im Haus Vaterland vom ›letzten Schrei‹ auf dem Gebiet der Unterhaltungsindustrie (heute nennt man das Erlebnisgastronomie): Wenn man im Löwenbräukeller saß, wurde jeweils zur vollen Stunde das Licht gedämpft, Fritz Färbers bayerische Kapelle legte ihre Instrumente nieder, und fernes Donnergrollen erfüllte die Luft. Der Donner wurde immer lauter, und schwarze Wolken senkten sich herab, gefolgt von künstlichem Regen und Blitzgewitter. Der Regen wurde zu Schnee, und auf der Bühne breitete sich ein winterliches Panorama aus. Dann zogen die Wolken ab, und die Sonne erstrahlte über einer

Linke Seite außen: Das Programm der Rheinterrasse für August 1939
Links: Das berühmte Restaurant ›Rheinterrasse‹ im Haus Vaterland, um 1940. Hier konnten sich die Gäste während des Essens von Sängern, Artisten und einem Orchester unterhalten lassen

---

Unten: Das Haus Vaterland bei Nacht, Blick die Stresemannstraße hinunter, um 1935

beschaulichen Alpenlandschaft. Dies war das Signal für die Musiker, ihre Bierhumpen wieder abzustellen und erneut eine Polka anzustimmen.

Nach 1942, zu Zeiten der Kriegswirtschaft und der damit verbundenen Beschränkungen im Alltag, war es mit der guten Stimmung vorbei.
Im März 1945 schließlich ging es ums nackte Überleben. Berlin war von sowjetischen Einheiten eingeschlossen, die Versorgung der Bevölkerung kam zum Erliegen. Die Schwarzmarktpreise erreichten selbst bei den einfachsten Lebensmitteln schwindelerregende Höhen. In dem Bemühen, etwas gegen den allgemeinen Hunger zu unternehmen, richtete die Stadtverwaltung Notküchen ein, so unter anderem auch im Haus Vaterland. Waren die Berliner früher hierher gekommen, um sich einen schönen Abend zu machen, stiegen sie nun in der Hoffnung die Treppen hinab, irgend etwas Eßbares in die Hände zu bekommen, das ihr Überleben fürs erste sichern würde.

Zur Zeit der Besatzung durch die Alliierten verlief die Grenze zwischen dem russischen und dem amerikanischen Sektor über den Potsdamer Platz direkt vor dem Eingang des ausgebombten Haus Vaterland.
Die Ruine war zunächst unbrauchbar, doch konnte ein kleines Restaurant den Betrieb bald wieder aufnehmen. Ähnlich wie das Columbus-Haus auf der anderen Seite des Potsdamer Platzes ging das später teilweise wiederaufgebaute Haus Vaterland während des Arbeiteraufstandes am 17. Juni 1953 in Flammen auf.

Wenn das Gebäude damals je noch irgendeinen Wert als Immobilie gehabt haben sollte, so wurde dieser acht Jahre später mit dem Bau der Berliner Mauer vollkommen zunichte gemacht. Hier, wo einst das Leben pulsierte, im Herzen einer blühenden Stadt, standen die Trümmer des Haus Vaterland nun auf einem vergessenen Streifen, unmittelbar neben einer drei Meter hohen Betonmauer im geteilten Berlin.

Im Februar 1976 wurden die bröckelnden Überreste des Baus Franz Schwechtens zu einer Gefahr für die Öffentlichkeit erklärt und abgerissen. Ohne die Ereignisse des November 1989, in deren Folge der DDR-Staat in sich zusammenbrach und so schnell und unerwartet die Wiedervereinigung Deutschlands zustande kam, wäre die Geschichte des Potsdamer Platzes hier zu Ende gewesen.

Doch nun wurde die Mauer rasch abgetragen, so daß der Verkehr hier bald in Gang kam und Pläne für den Wiederaufbau der einst so belebten Mitte Berlins gemacht werden konnten. Ein Investorenkonsortium unter Führung von A+T erwarb das Grundstück, auf dem das Haus Vaterland gestanden hatte, und begann 1996 mit den Arbeiten an einem eigenen Bauvorhaben.

Rechts: Notversorgung mit Lebensmitteln am Haus Vaterland im März 1945

Unten: Ansicht der Ruine von Hans Kempinskis Unterhaltungsetablissement während der ersten Monate im besetzten Berlin

Im Vergleich zu den wesentlich auffälligeren Komplexen von Daimler-Chrysler und Sony kommt das von dem Architekturbüro Schweger & Partner entworfene Projekt unter der Bezeichnung ›Park Kolonnaden Potsdamer Platz‹ eher bescheiden daher. Weitaus niedriger als die spektakulären Bauten auf der anderen Seite, bemerkt man es nicht sofort.

Ein Teil des insgesamt fünfhundert Millionen Mark teuren Projekts soll ein Hotel- und Konferenzzentrum beherbergen. Nach Süden, in Richtung Bernburger Straße, dehnen sich vier U- und H-förmige Büroblocks aus. Westlich davon erstreckt sich der Tilla-Durieux-Park, der nach der berühmten Schauspielerin benannt ist. Nach Norden schließt die Anlage mit einem zwölfstöckigen Glasrundbau ab, eine entfernte Reminiszenz an den runden Turm des Haus Vaterland.

Der von dem Architekturbüro Schweger & Partner entworfene Kopfbau der Park Kolonnaden nimmt mit seiner Rundung die Form des Haus Vaterland auf

Linke Seite oben: Das Haus Vaterland 1966. Die Mauer verläuft direkt vor dem Eingang entlang der Stresemannstraße

Unten: Blick vom Potsdamer Platz die Stresemannstraße hinunter. Rechts, wo das Haus Vaterland einst stand, wurden die Park Kolonnaden errichtet

WEINHAUS LUTTER & WEGNER

Oben: Der historische Weinkeller von Lutter & Wegner, wo E.T.A. Hoffmann und sein Freund Ludwig Devrient sich viele Abende zum Champagnertrinken trafen

Linke Seite: Das berühmte Weinhaus Lutter & Wegner in der Charlottenstraße, um 1936

Das Weinhaus Lutter & Wegner war viele Jahre lang ein beliebter Treffpunkt für berühmte Künstler, oder solche, die es werden wollten. In günstiger Lage, gleich um die Ecke des Königlichen Schauspielhauses, war das Etablissement im Jahr 1811 eröffnet worden, als Berlin noch eine Stadt mit nur zweihunderttausend Seelen war.

Zu den ersten Stammgästen des Lokals, die Lutter & Wegners Rotweine verkosteten, gehörte August Wilhelm Iffland, der 1796 aus Mannheim geholt worden war, um das Königliche Nationaltheater am Gendarmenmarkt zu leiten. Iffland war ein begnadeter Künstler, zugleich Schauspieler, Regisseur und Dramatiker, und führte viele neue Stücke und Ideen in der Berliner Theaterszene ein. Er versuchte im übrigen auch, einen geheimen Wunsch so manchen Theaterregisseurs in die Tat umzusetzen: 1803 startete er den erfolglosen Versuch, Theaterkritiken in den Zeitungen der Stadt verbieten zu lassen.

Regelmäßiger Gast bei Lutter & Wegner war auch der Meister unter den Literaten Berlins: E.T.A. Hoffmann. Er gehörte zu den größten Schriftstellern seiner Zeit; jeder kennt seine phantastischen Erzählungen, wie die von der tanzenden Puppe Olympia, die dem Studenten Nathanael als lebendige Schönheit erscheint. Wenn E.T.A. Hoffmann nicht gerade versuchte, seine Inspirationen mit gutem Wein aus dem Keller des Lokals zu befördern, arbeitete er entweder in der nahegelegenen Wohnung an seinem neuesten Manuskript, oder er ging seinen Pflichten als preußischer Kammergerichtsrat nach.

Sein Zechkumpan war Ludwig Devrient, der vielen als der begabteste deutsche Bühnenschauspieler des neunzehnten Jahrhunderts gilt. Die beiden schütteten im Weinkeller von Lutter & Wegner Mengen von Schaumwein in sich hinein und setzten dann mindestens genausoviel Energie darein, die Rechnung nicht bezahlen zu müssen. Devrients Auftritte bei Lutter & Wegner waren legendär. Zumindest einer ist überliefert:

Bereits ziemlich betrunken betrat der Schauspieler das Lokal, stolperte sodann die Treppe in den Keller hinab und brüllte: »Gib mir ein Glas Sekt, Schurke!« – ein Zitat aus Shakespeares Heinrich IV. Die Kellner wußten, daß Devrient nicht Sherry meinte, der damals allgemein als Sekt bezeichnet wurde, sondern Champagner. Das Wort blieb jedoch haften, und seitdem heißt Schaumwein in Deutschland eben Sekt.

Die von E.T.A. Hoffmann und Devrient bei Lutter & Wegner dargebotenen Possen wurden zum Stadtgespräch, und so zog es eine ganze Reihe weiterer Gäste in das Weinhaus. Einmal zerriß der Eigentümer [J.C.] Lutter sogar die Rechnung der beiden, damit seine berühmten Gäste nicht ihre Drohung wahr machten, zu Schonert auf der anderen Straßenseite zu wechseln.

Noch lange Zeit, nachdem Hoffmann und auch Devrient verstorben waren, hingen Porträts der beiden Stammgäste im Vorderraum des Lokals. Neben den Bildern war eines der Lieblingszitate Devrients angebracht: »Gleichgültigkeit gegenüber Champagner ist Heuchelei; sei nicht kalt, wenn er auf Eis serviert wird.«

Das Gebäude, in dem sich das Weinhaus Lutter & Wegner befand, hatte im achtzehnten Jahrhundert Baumeister Karl von Gontard entworfen. Gontard war auch der Architekt der beiden Kirchen auf dem Gendarmenmarkt und mehrerer Residenzen Unter den Linden.

Oben: Dem Lokal ging es zu DDR-Zeit nicht besonders gut, wie auf dieser Aufnahme aus dem Jahr 1956 zu sehen ist

Rechts: Die ›Terrasse‹ von Lutter & Wegner an einem sonnigen Tag im Juni 1946

Lutter u Wegner
Historische Weinstuben
gegr. 1811

Im Jahr 1937 wurde Gontards Bau um eine Etage aufgestockt, nur sechs Jahre später allerdings bei einem Luftangriff zerstört.

Nach dem Zweiten Weltkrieg existierte im Keller des Gebäudes noch eine Zeitlang eine ›geschrumpfte‹ Version von Lutter & Wegner, doch lief das Geschäft im Ostteil der Stadt nicht gerade gut. Die historische Weinstube zog nach West-Berlin in die Charlottenburger Schlüterstraße, wo es sie noch heute gibt.

Zur DDR-Zeit blieb das Areal, auf dem das Lokal mehr als hundert Jahre zu Hause war, lange unbebaut – so wie viele Grundstücke in diesem trostlosen Teil des Bezirks Mitte. Wegen der nahen Grenze zu West-Berlin gab es wenig Verkehr, kaum Geschäfte und Restaurants.

Nach der Wiedervereinigung in den neunziger Jahren erfuhr das Gebiet um E.T.A. Hoffmanns Lieblingslokal gravierende Veränderungen. Luxushotels, edle Restaurants und der erste Berliner Club für Gentlemen – die Havanna Lounge – entstanden in jüngster Zeit rund um den Gendarmenmarkt. So hat sich dieser Teil Berlins mittlerweile zu einem Anziehungspunkt für die Schickeria entwickelt.

Dort, wo einst Lutter & Wegner ihr Domizil hatten, steht heute das Hotel Four Seasons. Unmittelbar über dem Keller, in dem Hoffmann und Devrient das Glas erhoben, werden heute gut betuchte Gäste der Stadt in einem kostbaren Ambiente aus poliertem Marmor empfangen.

Am 30. April 1997 wurde nur eine Straße weiter südlich vom früheren Sitz des Lokals in der Charlottenstraße ein neues Restaurant mit dem Namen Lutter & Wegner eröffnet. Die Küche erntete bald das Lob vieler angesehener Kritiker. Ein Feinschmecker und Journalist der New York Times schwor, daß es »in ganz Wien kein besseres Wiener Schnitzel als bei Lutter & Wegner« gebe.

Das Entree des Hotel Four Seasons, eine vornehme Adresse im Bezirk Mitte. Entworfen wurde das 1996 fertiggestellte Gebäude von dem Architekten Josef Paul Kleihues

KAISERHOF

Um die Zeit, als das Deutsche Reich gegründet wurde, befand der Unternehmer Sebastien Hensel, die Hotels der Stadt Berlin seien »eine Beleidigung für das Hotelgewerbe«. Er machte sich sogleich daran, diesen Zustand zu ändern, und baute ein Hotel, dessen Innenausstattung, wie Kaiser Wilhelm I. mürrisch einräumen mußte, besser war als die seiner eigenen Wohnräume im Stadtschloß.

1873 hatten die Arbeiten für das neue Gebäude am Wilhelmplatz begonnen, und schon am 1. Oktober 1875 konnte es eingeweiht werden. Bei der offiziellen Eröffnung des ›Kaiserhofs‹ bestand kein Zweifel, daß dies die luxuriöseste Herberge Berlins war. Das blieb so, bis dreißig Jahre später das Hotel Adlon am Pariser Platz errichtet wurde.

Der Kaiserhof war mit all dem ausgestattet, was das wilhelminische Zeitalter an modernen Errungenschaften im technischen Bereich zu bieten hatte: Dampfheizung, elektrisches Licht, Zimmerbäder, pneumatisch betriebene Aufzüge und eine ganz neue Erfindung, das Telefon. In der Küche arbeiteten eigens aus Paris nach Berlin geholte französische Köche und Hilfsköche an modernen Gasherden.

Die hervorragende Qualität der Speisen und das prächtige Interieur des Hotels veranlaßten denn auch Otto von Bismarck, die Chefs der europäischen Großmächte zur Berliner Konferenz im Jahr 1878 hier zu empfangen.

Um die Zeit hatte man längst vergessen, daß im Hotel – schon neun Tage nach der Eröffnung – ein verheerender Brand ausgebrochen war. Zwei Tage brauchte die Feuerwehr damals, um ihn zu löschen. Doch das Haus wurde schnell wiederaufgebaut und brachte den Investoren nun erkleckliche Dividenden ein. Berlin befand sich damals mitten in der ›Gründerzeit‹, einer Phase der Expansion, die sich an die Gründung des Deutschen Reichs anschloß, und so gab es keinen Mangel an wohlhabenden Gästen, die komfortabel untergebracht sein wollten.

Rechts: Eine Werbebroschüre des Kaiserhofs aus der Zeit der Jahrhundertwende, damals gehörte das Hotel noch zur Atlantic-Hotel-Kette

Unten: Eine malerische Ansicht des Hotels Kaiserhof, Ende der dreißiger Jahre vom angrenzenden Wilhelmplatz aus gesehen

Einige von ihnen stiegen im Kaiserhof ab, um im nahegelegenen Bankenviertel ihren Geschäften nachzugehen.

Neben Finanziers und reichen Touristen zählten auch führende Wissenschaftler zu den Gästen, darunter der Arzt Robert Koch und der ersten Nobelpreisträger auf dem Gebiet der Physik, Wilhelm Konrad von Röntgen. Auch trugen sich hier der König von Portugal, Manuel II., und seine Begleiterin, ein junges Revuesternchen namens Gaby Deslys, in das Hotelregister ein. (Diese Affäre kostete den König beinahe den Thron.) Auch Viktoria, die einundsechzigjährige Schwester des Kaisers, und ihr siebenundzwanzig Jahre alter Gefährte Alexander Zubkow, vormals Tellerwäscher im Hotel Kaiserhof, verbrachten später die eine oder andere Nacht hier.

Der Fall der fünfhundert Jahre alten Hohenzollern-Dynastie im Jahr 1918 brachte es mit sich, daß in den Ballsälen des Kaiserhofs keine glänzenden Empfänge mehr für das kaiserliche Gefolge stattfanden. In der Zeit der Weimarer Republik schien der kaisertreue Name des Hotels auch nicht so recht zu demokratischen Prinzipien zu passen, doch schon zu Beginn der dreißiger Jahre war der Kaiserhof wieder ein Quartier der Mächtigen.

Im April 1930 mieteten sich der noch relativ unbekannte Adolf Hitler und sein Begleiter Joseph Goebbels in einem der billigeren Zimmer ein. Drei Jahre später belegten sie bereits das gesamte Obergeschoß des Zweihundertsechzig-Zimmer-Hotels; die Suiten 140 bis 142 dienten ihnen als Hauptquartier. Hier bereiteten sie ihren Auftritt im Reichstag vor.

Ganz sicher fühlte sich Hitler in dem noblen Etablissement aber offenbar nicht. Er mißtraute dem Küchenpersonal, verdächtigte es, kommunistisch unterwandert zu sein, ein Komplott gegen ihn geplant zu haben und ihn vergiften zu wollen. Goebbels' Ehefrau Magda sorgte schließlich dafür, daß er wieder ohne Sorge essen konnte. Sie bereitete ihm seine Mahlzeiten in ihrer nahegelegenen Wohnung zu und ließ sie in speziell isolierten Behältern schicken.

Bisweilen unterbrachen Hitler und sein Presseattaché Ernst Hanfstaengl ihre Sitzungen und nahmen den Lift nach unten zum Palmenhof des Hotels, um dort ein wenig Zerstreuung zu finden. Sie setzten sich an ihren Lieblingstisch in einer Ecke neben ein paar Palmen und lauschten dem ungarischen Hotelorchester. Wenn sich herumgesprochen hatte, daß

Eine Gruppe amerikanischer Soldaten auf einer Fahrt durch das zerstörte Berlin, 1946; das ausgebrannte Hotel Kaiserhof an der Mohrenstraße, Ecke Wilhelmplatz

KAISERHOF
KAISERHOF
AMERICAN RED

sie sich in der Hotelhalle aufhielten, strömten Schwärme herausgeputzter, stark parfümierter Damen herein und umschwirrten die beiden Herren.

In den Kriegsjahren ging die Gästezahl rapide zurück, und nach dem 23. November 1943 sollte hier niemand mehr übernachten: Bei einem Luftangriff wurde das Gebäude zusammen mit einem Großteil der Berliner Stadtmitte dem Erdboden gleichgemacht. Erhalten blieb lediglich der luxuriöse Bunker des Kaiserhofs, dessen Vorräte an Cognac und Zigarren bis in die letzten Stunden des ›Dritten Reichs‹ nicht ausgingen.

Nach dem Krieg wurden sämtliche Trümmer des Hotels Kaiserhof abgeräumt. Lange danach, als längst nichts mehr vorhanden war, bereiteten das Hotel, oder vielmehr dessen Fundamente, dem Ministerium für Staatssicherheit in der DDR aber dennoch Probleme. Um sicherzugehen, daß keiner der vielleicht noch existierenden Keller und Luftschutzbunker als Fluchtroute in den Westen genutzt werden konnte, beschlagnahmte es die Baupläne des alten Hotels und hielt sie unter Verschluß.

Im Jahr 1975 entstand auf dem leeren Platz der architektonisch wenig ansprechende Bau, in dem noch heute die Botschaft der Koreanischen Demokratischen Volksrepublik untergebracht ist.

Oben: Ein kleiner Junge spielt im Sand vor dem Eingang zum Kaiserhof, 1947

Rechts: Der Wilhelmplatz wurde längst bebaut, so daß ein Foto aus derselben Perspektive wie in den dreißiger Jahren nicht mehr möglich ist. An der Stelle des Kaiserhofs residiert heute die Botschaft der Koreanischen Demokratischen Volksrepublik

TAXI

HOTEL ADLON

Im Jahr 1828, in dem Friedrich Wilhelm Graf von Redern die Generalintendanz der Königlichen Theater Berlin übernahm, beauftragte er den Architekten Karl Friedrich Schinkel mit dem Umbau seines Wohnhauses am Pariser Platz. Das im Stil der florentinischen Renaissance umgestaltete Gebäude galt als sehr gelungen und zog nach dem Abschluß der Arbeiten mit seiner klar gegliederten Fassade die Bewunderung vieler Betrachter auf sich. Bis zum Ende des neunzehnten Jahrhunderts stand das Palais Redern an der Südostecke des Pariser Platzes – lange Jahre, in denen seine Schönheit allmählich mit Patina überzogen wurde; nach dem Tod des Grafen im Jahr 1883 verfiel es mit der Zeit. Der nun weniger bewundernswürdige Anblick in unmittelbarer Nähe des Brandenburger Tors störte Kaiser Wilhelm II., außerdem mochte er die schlichte Schinkelsche Gestaltung nicht besonders. Er liebte reich verzierte, protzige Gebäude und nannte Rederns Palais eine ›alte Scheune‹. Er wollte das Bauwerk so rasch wie möglich entfernt wissen.

Das Schicksal wollte es, daß der Restaurantbetreiber Lorenz Adlon gleichfalls ein Interesse daran hatte, das Palais Redern abzureißen, wenn auch aus anderen Gründen. Er plante den Bau eines prächtigen neuen

Links außen: Der ›Große Saal‹ des Adlon im Jahr 1907. Die feinen Tischtücher stammten von Grünfeld an der Leipziger Straße

Links: Der ›Große Saal‹ nach dem mysteriösen Brand, der das alte Hotel im Mai 1945 zerstörte

Rechts: Das im Stil der florentinischen Renaissance gestaltete Palais des Grafen Redern am Pariser Platz. Zwischen 1829 und 1831 umgebaut, besaß es einen Ballsaal aus weißem Marmor und eine Bildergalerie mit Gemälden der alten Schule von Nicolas Poussin, Lairesse, Tintoretto und Giovanni Bellini

Unten: Lorenz Adlons im Jahr 1907 eröffnetes neues Luxushotel am Pariser Platz, um 1914

Links: Der zugemauerte Eingang des Adlon am 4. Mai 1945. Noch immer flattern die weißen Fahnen der Kapitulation auf dem Balkon

Hotels, um das ihn ganz Europa beneiden sollte. Als der Kaiser von den Absichten Adlons erfuhr, unterstützte er dessen Projekt aus vollem Herzen. Er engagierte sich persönlich dafür, daß das Grundstück an Adlon verkauft werden konnte und daß auch der Abriß des immerhin unter Denkmalschutz stehenden Gebäudes möglich wurde. Zudem ebnete der Kaiser den Weg für die Bewilligung eines großzügigen Kredits, so daß Lorenz Adlon bei der Errichtung seines neuen Hotels an keiner Stelle zu sparen brauchte. Insgesamt verschlang der Bau zwanzig Millionen Reichsmark – fast soviel, wie der Staat für die Errichtung des Reichstags ausgegeben hatte. Ein Teil des Geldes wurde bei dem Kauf großer Mengen gelben Carrara-Marmors aufgebraucht, der aus Italien herbeigeschafft werden mußte. Große Summen wurden für das kostbare Interieur ausgegeben, darunter handgeschmiedete Treppengeländer und edle Teppiche von Gerson.

Am 23. Oktober 1907 nahm das Hotel Adlon seinen Betrieb auf. Ganze Armeen von Pagen in hellblauen Uniformen schienen für die Gäste bereitzustehen, zu denen im Laufe der Jahre so weltberühmte Persönlichkeiten gehören sollten wie Enrico Caruso, Zar Nikolaus II. von Rußland, Henry Ford und Charlie Chaplin. Lorenz Adlon und sein Sohn Louis waren stets zur Stelle und kümmerten sich persönlich um das Wohl ihrer Gäste.

Während des Zweiten Weltkriegs führte Adlons Sohn Louis das Haus weiter und bemühte sich, den erstklassigen Standard der Vorkriegszeit zu halten, für den das Hotel berühmt war; keine leichte Aufgabe angesichts wachsender Versorgungsengpässe.

Als die alliierten Luftangriffe auf Berlin begannen, ließ er ein riesiges Drahtnetz über das Hoteldach spannen. In den ersten zwei Jahre sprangen die abgeworfenen Bomben tatsächlich von dem Netz ab und richteten keinen Schaden an, doch nach 1943, als die Angriffe heftiger wurden, hätte das Netz nur noch wenig geholfen. Glücklicherweise wurde das

Eine Ansicht des Adlon aus der Nachkriegszeit.
Links eine Tafel mit dem Porträt Josef Stalins

Hotel nicht direkt getroffen und konnte so während der gesamten Dauer des Krieges einen reibungslosen Service bieten – selbst als die Rote Armee nur noch wenige Kilometer entfernt war.

Das Adlon überstand den Krieg letztlich relativ unbeschadet bis zum 3. Mai 1945. An diesem Tag tauchten die ersten russischen Soldaten im Hotel auf. Einige von ihnen drangen in den berühmten Weinkeller des Adlon ein, und dort soll auch der fatale Brand ausgebrochen sein, der einen großen Teil des bis dahin verschonten Gebäudes zerstörte. Ein sowjetisches Nachrichtenteam, das sich gerade in Berlin-Mitte aufhielt, filmte die lodernden Flammen.

Der sogenannte Courierflügel des Hotels überstand das Feuer. Der einzige benutzbare Eingang führte zunächst durch eine Lücke in den Trümmern an der Wilhelmstraße. Wer in das Hotel hinein wollte, mußte einen engen Dienstbotenaufgang hinaufsteigen, dann einen mit einem rotem Teppich ausgelegten Korridor entlanggehen und kam dann schließlich in einen kleinen Raum, in dem dichtgedrängt die Restauranttische standen. Bis auf zwei Gemälde an den Wänden gab es hier keinen Schmuck. Speisen konnte nur ordern, wer die entsprechenden Lebensmittelkarten mitbrachte: 1945 bekam man für zweihundert Kartoffelpunkte, fünf Fettpunkte und hundert Fleischpunkte eine Portion Fleischkäse. Hinter dem Restaurant existierten noch fünfzehn Zimmer, wo meist sowjetische Offiziere logierten. Deren Unterkünfte wurden regelmäßig von der Militärpolizei auf unerlaubten Damenbesuch kontrolliert.

Rechte Seite: Das neue Adlon heute. Im Jahr 1997 wurde es am alten Standort wiedereröffnet. Der Entwurf stammt von dem Architekturbüro Patzschke, Klotz & Partner

In den Jahren darauf konnte die Zahl der Zimmer auf siebzig erweitert werden – im Vergleich zur ursprünglichen Zahl von dreihundertfünfundzwanzig noch immer nur ein Bruchteil. Schließlich wurde das Adlon, wie auch andere in der DDR gelegene Privatunternehmen, enteignet und an die staatliche Handelsorganisation übergeben. Die Ausstattung wurde dem Geschmack des neuen Zeitalters angepaßt; das wiederhergestellte Foyer und die Säle schmückten nun patriotische Losungen und Porträts von Wilhelm Pieck und Otto Grotewohl.

Anfang der siebziger Jahre kam das Aus für den Hotelbetrieb in dem Gebäude, neben dem inzwischen die Berliner Mauer stand. Einige Jahre gehörten die trostlosen Fragmente des alten Adlon noch zum Ministerium für Volksbildung, 1984 wurde es schließlich abgerissen.

Anfang 1995 begannen Bautrupps mit insgesamt eintausendzweihundert Bauarbeitern aus sechs Ländern mit der Errichtung eines neuen Hotel Adlon auf dem Grundstück nahe dem Brandenburger Tor. Bei den Ausschachtungsarbeiten fand man noch einige Gegenstände aus früheren Zeiten, darunter Reste aus Louis Adlons legendärer Sammlung erlesener Weine – sechs unversehrte Flaschen Burgunder des Jahrgangs 1941.

Das Hotel wurde 1997 fertiggestellt und öffnete im Juni desselben Jahres seine Pforten. Von außen sieht es seinem beliebten Vorgänger aus der Vorkriegszeit recht ähnlich, doch im Innern wurde es vollkommen neu gestaltet. In der Lobby wird man heute von einem der wenigen Originalstücke aus dem alten Hotel begrüßt: ein Springbrunnen, der früher im Garten des Adlon stand. Beim Gang durch die großzügigen Räume mit Böden aus Marmor und Schiefer kann man sich auf Sitzgruppen aus Lehnstühlen und Sofas im Empirestil niederlassen und den Duft der frischen Blumen genießen, die es überall im Hotel gibt. Die neuen Eigentümer des Adlon haben es geschafft, das Ambiente unaufdringlicher Raffinesse wiederherzustellen, die das Markenzeichen des alten Adlon gewesen war. Doch sind sie gewissermaßen auch Opfer ihres eigenen Erfolgs geworden. So muß ständig dafür gesorgt werden, daß nicht zu viele neugierige Touristen in das Haus kommen, um einen Blick auf das luxuriöse Interieur zu werfen.

HOTEL EXCELSIOR

Heute steht an der Stresemannstraße, direkt gegenüber dem Portalfragment des ehemaligen Anhalter Bahnhofs, ein nüchternes Hochhaus. In der ersten Hälfte des vergangenen Jahrhunderts, als von diesem bedeutendsten Bahnhof Berlins noch die Züge in Richtung Süden abfuhren und die Stresemannstraße noch Königgrätzer Straße hieß, befand sich an dieser Stelle das größte Hotel Europas: das Excelsior. Mit dem Kopfbahnhof über einen Tunnel verbunden, wurde das riesige, vornehme Haus als »eine Stadt für sich« verkauft, die alles zu bieten hatte: eine Reihe von Einzelhandelsgeschäften, einen Tanzsaal, einen hauseigenen Schneider und Schuster, eine Bibliothek mit siebentausend Büchern und neun verschiedene Restaurants. Das Hotel gab sogar seine eigene Zeitung heraus, die, ausgenommen an Feiertagen, täglich erschien.

Alles an dem Sechshundert-Zimmer-Hotel war monumental. In einem großzügigen, weiß gefliesten Bierkeller im Souterrain konnten eintausendundfünfhundert Gäste speisen. Im Obergeschoß hatten auf der Tanzfläche eines grandiosen Ballsaals Hunderte von Tänzern gleichzeitig Platz. Unmittelbar neben dem Eingang befand sich das Hotelcafé, wo die Gäste im Licht prunkvoller Lüster und Wandleuchter unter mehr als zweihundert Zeitungen und Zeitschriften aus aller Welt wählen konnten. In einem Prospekt der späten dreißiger Jahre wird auch die moderne technische Ausstattung des Hotels gepriesen. »Die Moderne Hoteltechnik feiert in dem phantastischen Riesenbau ihren höchsten Triumph: Excelsior ist *das* Hotel des Kontinents *ohne Kohlen*. Heizung und Wasser werden durch die allerneueste Gas-Hochdruckanlage gespeist.« Ein anderer Komfort, den das Hotel zu bieten hatte, waren Telefon und Radio in fast jedem Zimmer.

Das Hotelmanagement legte Wert auf die perfekte Betreuung der Gäste. Kurt Elschner, der Besitzer des Hotels, pflegte zu sagen: »In meinem Hause können Sie ohne viel Umstände essen, schlafen, trinken, lesen, arbeiten, Konferenzen abhalten, einkaufen, Geld- und

Oben links: Die ›American Bar‹ des Hotels; viele ausländische Journalisten waren hier Stammgast
Oben rechts: Hotelprospekt des Excelsior, des »Weltstadthotels«

Rechte Seite: Das Excelsior um 1930, es wurde im Jahr 1908 als größtes Hotel Europas erbaut

HOTEL EXCELSIOR
HOTEL EXCELSIOR
Hotel
EXCELSIOR
Hotel
HOTEL EXCELSIOR
Continental Reifen
WEINHAUS RHEINGOLD
WEINGROSSHANDLUNG
Königgrätzer
- Garten -
SCHULTHEISS-PATZENHOFER

Bankgeschäfte betreiben, tanzen und sich amüsieren. Kurz gesagt: Sie können glücklich sein, ohne je hinausgehen zu müssen.« Dabei unterließ er es diskret, die männlichen und weiblichen Prostituierten zu erwähnen, die das Hotel selbstverständlich auch vermittelte. Der rege Betrieb in diesem riesigen Hotel bot natürlich viel Gelegenheit zur Beobachtung. Die Schriftstellerin Vicki Baum ließ sich hier zum Beispiel inspirieren. Sie quartierte sich längere Zeit im Excelsior ein, um die Atmosphäre des Hotels in sich aufzunehmen, als sie den Roman »Menschen im Hotel« schrieb. Die Verfilmung des Buches unter dem Titel »Grand Hotel« mit den Stars Greta Garbo und Joan Crawford wurde zu einem internationalen Erfolg.

Der konservative Elschner, der einst auf Geheiß der Gattin des Kaisers zum Geheimen Kommerzienrat ernannt worden war, betrachtete den Aufstieg der Nationalsozialisten in Berlin mit Abscheu. Er verweigerte ihnen anfangs den Zutritt zu seinem Etablissement, woraufhin die Partei seinen Betrieb im Jahr 1933 auf die schwarze Liste setzte. Nach der Machtübernahme durch die Nationalsozialisten blieben deshalb viele Gäste weg, so daß Elschner schließlich zu einem Arrangement mit ihnen gezwungen war.

Die prachtvolle Fassade des Excelsior fiel in den letzten Tagen des Zweiten Weltkriegs Artilleriegranaten und Bomben zum Opfer und brach schließlich in sich zusammen. Noch fast ein Jahrzehnt lang ragten die düsteren Ruinen des Hotels in den Himmel, doch 1954 waren alle Spuren des alten Hotels endgültig verschwunden.

Der Hochhaus aus den sechziger Jahren, das heute dort steht, hat keinerlei Ähnlichkeit mit seinem Vorgänger. Der achtzehngeschossige Bau ist ein Beispiel für die Architektur jener Zeit. Angesichts des Bestrebens, Geschäfts- und Wohnflächen maximal zu erweitern, blieben ästhetische Überlegungen oft auf der Strecke.

Oben links: Eine der fünf großen Küchen des Hotels; die Köche verdienten monatlich etwa zweihundertsechzig Mark

Oben rechts: Ankunft des italienischen Außenministers Graf Ciano am Anhalter Bahnhof, 7. Juli 1940; von Außenminister Joachim Ribbentrop empfangen (links), schreitet er eine Ehrenkompanie ab. Links im Hintergrund das Excelsior

Oben rechts: Das Excelsior im Sommer 1952. Wenig später wurden die Ruinen des Hotels abgetragen. Rechts ein Teil vom Eingangsportal des Anhalter Bahnhofs

Unten rechts: In den sechziger Jahren er-baute man an der Stelle des Hotel Excelsior ein achtzehngeschossiges Hochhaus

ESPLANADE

Heute würde kaum jemand auf Anhieb erkennen, daß der ins Sony Center am Potsdamer Platz integrierte historische Gebäudeteil früher einmal zu einem eleganten Hotel gehörte, das in einer vornehmen Umgebung von Kunstgalerien und Stadthäusern stand. Bei seiner Eröffnung im Jahr 1908 galt das von dem Architekten Otto Rehnig erbaute luxuriöse Esplanade als eines der überaus komfortablen Hotels in Berlin. Es stand unter der Leitung der Ritz-Carlton-Gruppe und verfügte über vierhundert Zimmer, hundertundzwei Bäder und ein luxuriöses Restaurant. Drei Jahre später erhielt das Hotel noch einen Palmengarten und einen eintausendundsechshundert Quadratmeter großen, mit Marmor ausgekleideten Speisesaal. Mit Zimmerpreisen von zehn bis fünfzehn Mark pro Nacht war das Esplanade nach dem Adlon das zweitteuerste Hotel der Hauptstadt.

Mit seinem zurückhaltenden Luxus wurde das Esplanade rasch zum bevorzugten Hotel der brandenburgischen Landjunker, wenn diese gelegentlich nach Berlin fuhren. Das Adlon war zwar noch einen Hauch extravaganter, doch wurde es auch von Filmstars, Politikern, Industriellen und anderen ›Emporkömmlingen‹ frequentiert, Leuten also, die ein konservativer preußischer Junker lieber mied.

Die stille Vornehmheit des Hotels wurde am 1. Mai 1916 allerdings einmal empfindlich gestört, als die infolge mangelnder Versorgung im Ersten Weltkrieg hungernde Berliner die Küchen des Esplanade stürmten. Hier hofften sie, Brot zu bekommen. Es waren die ersten Vorboten der sozialen Unruhen, die erst noch kommen sollten und im November 1918 schließlich das Kaiserreich hinwegfegten. Die Prinzessin von Blücher erinnert sich in einem 1916 gemachten Eintrag in ihr Tagebuch an den bösen Blick, den sie im Esplanade von einem ärmlich gekleideten Passanten erntete, als dieser sie durch die Glastür des Hotels erblickte.

Links: Der prächtige Hofgarten im Innern des Hotels, 1908

Unten: Der elegante ›Palmengarten‹, einer der wenigen Säle, die den Zweiten Weltkrieg überlebt haben

Unten: Das Esplanade an der Bellevuestraße kurz nach der Eröffnung im Jahr 1908. Der Entwurf für das Luxushotel stammte von dem Architekten Otto Rehnig und wurde in zwei Bauabschnitten 1907/08 und 1911/12 realisiert

In den Jahren nach dem Ersten Weltkrieg wurde der Anblick eines Aristokraten, der mit seiner Begleitung im Palmengarten Tee trank, immer seltener. Mit dem Niedergang der deutschen Wirtschaft bewegte sich in den Jahren der Inflation ein anderer Typ Hotelgast durch die Salons des Esplanade. Nun waren hier jene zuhause, die weniger edle Stammbäume vorzuweisen hatten, dafür aber mehr harte Devisen. Bis sich die wirtschaftliche Lage im Jahr 1924 schließlich wieder stabilisiert hatte, konnte jeder Gast, der auch nur ein paar Dollars in der Tasche hatte, ganze Ströme von Champagner bestellen, dessen Preis in Mark in wahrhaft astronomische Höhen stieg. Während der Angestellte aus Chicago in seiner gemieteten Dreizimmersuite in Saus und Braus leben konnte, blieb dem Hoteldirektor nichts weiter übrig, als ganze Säcke Banknoten nach Hause zu schleppen, deren Wert pro Kilo geringer war als der von Rinderknochen.

Den Zweiten Weltkrieg überstand das Esplanade ohne größere Bombenschäden bis zum 5. Februar 1945. An diesem Tag erhielt es mehrere direkte Treffer, durch die die zwei oberen Stockwerke zerstört wurden. Nur dreiundzwanzig Tage, nachdem die dabei in Mitleidenschaft gezogenen Hotelküchen wieder geöffnet waren, fielen erneut Bomben auf das Gebäude. Diesmal war der Schaden allerdings nicht ganz so groß, und so gelang es dem Hotelpersonal, den Hotelgästen schon am nächsten Tag wieder Bratkartoffeln zu servieren. Ein Überleben als Luxushotel sollte dem Esplanade jedoch nicht vergönnt sein. Am Ende des Kriegs war es zu Dreiviertel zerstört. Eine Marmortreppe, ein paar Salons, einige wenige alte Badezimmer aus dem Jahr 1908 und der sogenannte Kaisersaal waren alles, was übrig blieb.

Da das Esplanade eines der wenigen Gebäude im Bereich des Potsdamer Platzes war, die nach dem Krieg noch einigermaßen genutzt werden konnten, setzte man das alte Hotel notdürftig instand und öffnete es 1949 für kurze Zeit. Danach fristete es, zunächst als Tanzsaal, dann als einfaches Kino, sein unbedeutendes Dasein am Rande des britischen Sektors.

Schließlich befreite die Wiedervereinigung das Esplanade aus seiner jahrelangen, etwas schäbigen Isolation unmittelbar neben der Mauer. Nachdem es unter Denkmalschutz gestellt wurde, kamen seine neuen Eigentümer, Sony mit seinen Partnern Tishman Speyer und der Kajima Corporation, auf die phantastische Idee, das architektonische Fragment des ehemaligen Hotels in den 1,5 Milliarden Mark teuren Sony-Komplex zu integrieren. Das Bemühen zur Rettung des Esplanade war so ehrgeizig wie innovativ.

Rechte Seite: Das zerstörte Esplanade, 1946 fotografiert vom nahegelegenen Columbus-Haus. Links der relativ gut erhaltene Flügel mit dem Kaisersaal

Während auf der einen Seite die Wiederherstellung der Sandsteinfassade des Hotels in ihrem alten wilhelminischen Glanz vergleichsweise wenig Mühe kostete, stellten die Säle im Innern des Gebäudes ein größeres Problem dar. Entsprechend dem Bebauungsplan des Sony-Komplexes hätte der Gehweg der geplanten neuen Potsdamer Straße genau durch den hinteren Teil des ›Kaisersaals‹ geführt. Den prächtigen Ballsaal im barocken Stil hatte man so genannt, weil der Kaiser hier einst seine berühmten Herrenabende abhielt. Nach längeren Verhandlungen mit dem Senat schlug der Bauherr vor, den Saal zu verlegen. Aus Gründen der Statik mußte der Kaisersaal als Ganzes bewegt werden. Um diese Herkulesarbeit durchführen zu können, wurde der eintausenddreihundert Tonnen schwere Saal mit Betonstreben und Stahlträgern verstärkt, dann vorsichtig mit einer Geschwindigkeit von einem Zentimeter pro Minute mit einem Kran angehoben, um neunzig Grad gedreht und auf Luftkissen gebettet. Daraufhin wurde er mit einem computergesteuerten Wagen auf Stahlschienen fünfundsiebzig Meter weiter transportiert, um schließlich an seinem endgültigen Bestimmungsort in der Nähe des alten Palmengartens anzukommen.

Unterdessen wurde der ehemalige Frühstückssaal in fünfhundert Teile zerlegt und neben dem Kaisersaal wieder zusammengebaut. Zwei Wände blieben an Ort und Stelle, hinter Glas geschützt. In ihrem beschädigten Zustand erinnern sie den Betrachter an die Zerstörungen des Zweiten Weltkriegs.

Die versetzten Räume bieten Platz für ein elegantes Café und für Veranstaltungen. Es ist ein ganz besonderes Ambiente, das die Gäste hier genießen können: den interessanten Gegensatz zwischen überladenem Interieur aus wilhelminischer Zeit und schlichter moderner Stahl- und Glasarchitektur des Sony-Komplexes, erbaut von dem deutsch-amerikanischen Architekten Helmut Jahn.

Linke Seite: Die Reste des Esplanade vor der Integration in die Glas- und Stahlfassade des Sony Centers

Unten: Der erhaltene Teil des Luxushotels Explanade wurde mit einem Gebäudeteil überbrückt, in dem bald die ›Esplanade Residence Apartments‹ bezogen werden können

KAUFHAUS DES WESTENS

Das Foto aus der Zeit der Weimarer Republik zeigt den Blick in Richtung Westen vom Wittenbergplatz aus, die Tauentzienstraße hinunter bis zu den im Dunst liegenden Turmspitzen der Kaiser-Wilhelm-Gedächtniskirche. Linkerhand steht das älteste erhalten gebliebene Luxuskaufhaus Berlins: das Kaufhaus des Westens (KaDeWe).

Mit dem Bau des 1907 eröffneten KaDeWe wurde 1906 an der Südwestecke des Wittenbergplatzes begonnen, zu einer Zeit, da dieser Teil der Stadt sich anschickte, die Leipziger Straße als moderne Einkaufsgegend abzulösen. Die Besitzer des KaDeWe, ein Konsortium aus drei Investoren unter der Leitung von Adolf Jandorf, waren darauf aus, von dem wachsenden Markt für Luxusgüter zu profitieren, der von der kurz zuvor eingeleiteten Abwanderung des Berliner Geldadels in die westlichen Vororte Charlottenburg und Wilmersdorf genährt wurde.

Ganz im Gegensatz zu dem Stein- und Glaspalast, den Alfred Messel am Leipziger Platz für das Kaufhaus Wertheim geschaffen hatte, wählte der Architekt Johann Emil Schaudt für das KaDeWe ein etwas weniger auffälliges Erscheinungsbild. Die Außenfassade paßte er der Umgebung mit den Wohnhäusern im wilhelminischen Stil an. Im Haus jedoch breitete er die ganze Palette moderner Innenraumgestaltung aus, unter anderem verwendete er von Architekt Peter Behrens entworfene Beleuchtungskörper.

Um auch wirklich jedes Bedürfnis seiner Kunden befriedigen zu können, richtete Jandorf zwischen seinen vierundzwanzigtausend

Das KaDeWe zur Zeit der Weimarer Republik. Im Vordergrund der 1913 fertiggestellte U-Bahnhof Wittenbergplatz, ein Entwurf des Architekten Alfred Grenander

MORGENPOS

Quadratmetern Verkaufsfläche mit feinen Waren einen Friseursalon, ein Schneideratelier, ein Reisebüro und einen Lebensmittelmarkt ein.
Die technischen Anlagen entsprachen dem neuesten Stand. So wurde ein umfassendes System aus achthundertfünfzig automatischen Feueralarmanlagen auf den fünf Etagen installiert, und die Hunderte von Angestellten des Kaufhauses standen über ein achtzehn Kilometer langes Rohrpostnetz in ständiger Verbindung miteinander.

Von 1926 an fand jährlich die schon durch das Kaufhaus Tietz berühmt gewordene ›Weiße Woche‹ auch im KaDeWe statt. Dabei erstrahlte das von Schaudt errichtete Gebäude abends im Licht von Neonröhren.

Während der ›goldenen‹ zwanziger Jahre in Berlin wurden unmittelbar vor den schweren Bronzetüren des KaDeWe auch andere, weniger feine Geschäfte abgewickelt. Ein junger, arbeitsloser Umsiedler namens Carl Zuckmayer begann vor Jandorfs Reich eine – glücklicherweise kurze – Karriere als Dealer. Die Taschen gefüllt mit Zigarren, Zigaretten und kleinen Briefchen mit Kokain, stand der junge Mann vor dem KaDeWe und zischte den Vorübergehenden zu: »Sssigarren, Sssigaretten?« Antwortete einer mit einem Schnüffeln, so bedeutete dies, daß der Händler eines seiner kleinen weißen Päckchen verkaufen konnte. Zuckmayer entging nur knapp einer Verhaftung, da eine Prostituierte ihn vor einem Polizeispitzel warnte, der das Schauspiel von der anderen Straßenseite aus beobachtet hatte.

Nachdem der Konkurrenzkampf in jenen Jahren immer stärker wurde, sah sich das Konsortium unter Jandorf 1927 gezwungen, das KaDeWe zu verkaufen, noch im selben Jahr wurde es in den Hermann-Tietz-Konzern eingegliedert.

Die Tradition des KaDeWe, die Berliner Oberschicht mit all dem zu versorgen, was sie zum täglichen Leben brauchte – vom Federbett bis zum Seidenhemd –, wurde am Dienstag, dem 23. November 1943, abrupt

Das Innere des Kaufhaus des Westens während der ›Weißen Woche‹; die Wäscheabteilung, 1929

Linke Seite oben: ›Weiße Woche‹ im KaDeWe in den zwanziger Jahren

Unten: Das ausgebrannte Kaufhaus am Wittenbergplatz nach dem Krieg

unterbrochen, als eine Warnung vor schweren Luftangriffen durch die Stadt ging. Den ganzen Tag hatte es heftig geregnet, und da die Sicht durch die dicken Wolken behindert war, gingen die Menschen auf den Straßen der Stadt davon aus, daß nicht viel passieren würde. Doch am Ende sollte sich dieser Luftangriff für Berlin als einer der zerstörerischsten des gesamten Krieges herausstellen. Bei diesem Angriff verlor die nahegelegene Kaiser-Wilhelm-Gedächtniskirche ihren Hauptturm, und das KaDeWe ging in Flammen auf.

Nach dem Krieg beschlossen die Besitzer des KaDeWe den Wiederaufbau des Kaufhauses. Sie beauftragten den Architekten Hans Soll, für das zerbombte Gebäude ein neues Dach und eine schlichtere Fassade zu entwerfen. Im Sommer 1950 wurden die beiden unteren Etagen des KaDeWe wiedereröffnet. Als der Portier am Tag der Eröffnung um elf Uhr die Eingangstüren aufschloß, wurde er von den Massen der Kauflustigen fast umgerannt. Es dauerte nur wenige Minuten, und die Türen mußten wieder geschlossen werden. Polizisten wurden herbeigerufen, um Ordnung in die schiebende und stoßende Menge zu bringen. Wer allerdings den Anfangstumult überlebt hatte, konnte zum Lohn so rare Beute wie Fernsehgeräte der Marke Philco, Radios von General Electric, Pelze und französische Kosmetikartikel nach Hause tragen.

In verschiedenen Renovierungs- und Umbauabschnitten wurde die Verkaufsfläche des KaDeWe nach und nach immer mehr vergrößert. 1956 konnte die mittlerweile berühmte Lebensmitteletage des Kaufhauses im sechsten Stock eingeweiht werden. Nach einer weiteren Modernisierung für hundertzwanzig Millionen Mark erreichte das KaDeWe 1978 schließlich eine Verkaufsfläche von vierundvierzigtausend Quadratmetern.

Der bisher letzte Umbau, der sich von 1991 bis 1996 hinzog, brachte dem historischen Kaufhaus schließlich ein Dachrestaurant, einen neuen Glasbogen über dem Haupteingang und weitere sechzehntausend Quadratmeter Verkaufsfläche. Bei der phantastischen Wiedereröffnung am 25. September 1996 wurde die beeindruckende Zahl von zweihunderttausend Besuchern gezählt.

Das KaDeWe ist heute das größte Einzelhandelskaufhaus auf dem europäischen Kontinent; es hat dreihundertachtzigtausend unterschiedliche Artikel im Angebot und bedient pro Tag etwa achtzigtausend Kunden.

Bei den letzten, 1996 abgeschlossenen Modernisierungsmaßnahmen erhielt das KaDeWe ein Dachrestaurant und einen Glasbogen über dem Haupteingang an der Tauentzienstraße

Deutsche Bank 24
BUS
BUS
Deutsche Bank

KAUFHAUS TIETZ

Ende des neunzehnten Jahrhunderts zog ein engagierter Kaufmann namens Hermann Tietz nach Berlin, der im blühenden Einzelhandel der Hauptstadt sein Glück machen wollte. Er kam genau zur rechten Zeit. Begünstigt durch die verbesserten Verkehrsverbindungen auf Schiene und Wasser zwischen Berlin und diversen Lieferanten auf der ganzen Welt, konnte Tietz seinen Kunden Produkte anbieten, die diese zum Teil noch nie zuvor gesehen hatten. Darüber hinaus erlaubte die in deutschen Fabriken eingeführte Massenproduktion den Einkauf großer Stückzahlen. So konnte Tietz in seinem Kaufhaus zum Beispiel Töpfe, Pfannen und andere Haushaltswaren gleich stapelweise anbieten, und zwar zu Preisen, mit denen traditionelle Ladengeschäfte in keiner Weise konkurrieren konnten. Gleichzeitig bot sich durch Anzeigen in Zeitungen, von denen immer mehr in Massenauflagen erschienen und die an jeder Straßenecke zu kaufen waren, eine günstige und effektive Möglichkeit zum Anpreisen der Waren.

Das schon seit 1900 in der Leipziger Straße existierende Kaufhaus erfüllte alle Erwartungen der Familie Tietz. Als Hermann Tietz jedoch im Jahr 1904 beschloß, ein neues Kaufhaus auf dem Alexanderplatz zu eröffnen – eine Gegend, die schon bessere Zeiten gesehen hatte – stieß er auf große Skepsis. Die Zweifler beruhigte er mit einem Lächeln und sagte: »Ich brauche keine gute Lage. Die Lage, die mache ich!«

Das neue Kaufhaus Tietz war ein beeindruckendes Gebäude. Über dem Eingangsportal thronten zwei Statuen, die wie steinerne Wächter eines Schatzes anmuteten. Nachts erstrahlte eine Kugel aus Glas und Stahl mit einem Durchmesser von vier Metern über dem Bau, das Markenzeichen des Kaufhauses. Es galt als Symbol der wunderbaren Kostbarkeiten, die im Innern den Kunden erwarteten.

Tietz hatte das Ziel, das bis dahin wohl eher lästige Einkaufen zu einem Abenteuer zu machen. Neben so ungewöhnlichen Speisen wie Reis

Linke Seite außen: Eine Aufnahme der aufwendig ausgestatteten Teppichabteilung bei Tietz aus dem Jahr 1909
Links: Der großzügige und elegante zentrale Lichthof des Kaufhauses im Jahr 1910

Unten: Das Kaufhaus Tietz, das vierzig Jahre an der Nordseite des Alexanderplatzes stand

und Orangen führte er auch als erster Einzelhändler die einigen Berlinern noch befremdlich erscheinende Tomate in der Stadt ein.

Nach dem Tod des Gründers Hermann Tietz im Jahr 1907 setzte sein Sohn Georg die Familientradition fort. Er sorgte für eine weitere Attraktion, als er 1925 in dem Kaufhaus in der Leipziger Straße die erste Rolltreppe Berlins installieren ließ.

Georg Tietz stellte seinen Sinn für gutes Marketing weiter unter Beweis, als er im ansonsten ruhigen Monat Februar die ›Weiße Woche‹ einführte. Einen Monat lang wurde das gesamte Kaufhaus zu einer strahlenden ›Sinfonie in Weiß‹. Dabei wurde der große zentrale Lichthof mit phantasievollen Arrangements ausgestattet, so daß man sich an einem Tag beispielsweise in einem indischen Tempel, an einem anderen Tag auf einem Segelschiff wähnte. Dabei war alles mit weißen Waren jeder nur erdenklichen Art dekoriert. Die ›Weiße Woche‹ war so erfolgreich, daß sie bald von den anderen Warenhäusern übernommen wurde.

Im Jahr 1933 leitete die Familie Tietz die größte Kaufhauskette Europas, die sich in Privatbesitz befand. Ihr Erfolg rief jedoch bei den neuen politischen Machthabern in Deutschland Neid und Mißgunst hervor. Die Nationalsozialisten standen den großen, weltoffenen Kaufhausunternehmen, von denen sich viele in jüdischem Besitz befanden, feindlich gegenüber. In ihren Propagandaschriften warfen sie ihnen vor, dem Materialismus der Bevölkerung Vorschub zu leisten und den ortsansässigen ›deutschen‹ Geschäften die Kunden wegzunehmen.

Im Zuge des von Hitler angeordneten ›Arisierungsprogramms‹ wurden die Familie Tietz enteignet und die Kaufhäuser in ›Hertie‹ umbenannt, eine Kurzform des Namens Hermann Tietz.

Die Familie mußte aus Deutschland fliehen und kam schließlich 1941 in die USA.

Im Zweiten Weltkrieg schrumpfte das Warenangebot wie überall im Einzelhandel. Die Rüstungsmaschinerie schluckte den größten Teil des Nationaleinkommens und ließ dem Durchschnittsbürger nur wenig zum Leben. Immer mehr mußte auf billige Ersatzmaterialien zurückgegriffen werden. Statt Anzügen aus Wollstoffen gab es bei Hertie nun solche aus Zellstoff – einem Material, das aus Holz gewonnen wird. Damals erzählte man sich den Witz: »Wenn dein Anzug voller Löcher ist, nimm Äste und benutze sie als Flicken.«

Nach dem Krieg lag das Kaufhaus am Alexanderplatz in Schutt und Asche. Die Kugel, das Markenzeichen, war herabgestürzt und hing über dem Eingang. Der Handel verlagerte sich vom rußgeschwärzten Inneren

Rechts: Eine sowjetische Militärpolizistin regelt den Verkehr vor dem zerstörten Kaufhaus, Juli 1945

Unten: Das zerbombte Kaufhaus Tietz im Jahr 1945

GALERIA
KAUFhOF
1 JAHR GALERIA KAUFHOF
VISION 2000
GALERIA
KAUFhOF
PPS.

des Kaufhauses auf den freien Raum um den Alexanderplatz, wo sich sich einer der großen Schwarzmärkte Berlins befand.

Hier gaben zum Beispiel die russischen Soldaten ihren Sold für die heißbegehrten Armbanduhren der amerikanischen Soldaten her. Viele GI's nutzten dies weidlich aus und betrieben einen schwunghaften, wenn auch kurzlebigen Handel mit ihren billigen Uhren, für die sie zehntausend Reichsmark (damals weit über eintausend US-Dollar) verlangten – und bekamen. Wenn man bedenkt, daß sie die Uhren für nur siebeneinhalb Dollar beim PX-Laden der US-Armee erstehen konnten, war der Profit enorm, und so kamen die GI's rasch zu einem kleinen Vermögen.
Im November 1945 setzte die sowjetische Militärpolizei dem Treiben jedoch ein Ende.

Die Ruinen am Alexanderplatz wurden im Lauf der nächsten Jahre nach und nach abgeräumt, das gesamte Areal schließlich von Bulldozern planiert. 1964 begann der Ausbau des Alexanderplatzes zum Zentrum der ›Hauptstadt der DDR‹. Der Architekt Josef Kaiser erhielt den Auftrag für einen Entwurf des Kaufhauses ›Centrum‹. Es sollte am ehemaligen Standort des Kaufhauses Tietz errichtet werden, um die trostlose Fläche des Alexanderplatzes neu zu beleben, die einst der Mittelpunkt des Berliner Ostens gewesen war. Nach Kaisers Entwurf wurde auch das Gebäude des Außenministeriums der DDR gegenüber dem Zeughaus errichtet – am ehemaligen Standort von Schinkels Bauakademie. Sowohl das Ministerium als auch das Kaufhaus waren mit weiß gestrichenen Aluminiumtafeln verkleidet, womit beim Betrachter die Empfindung von »Ruhe und Erhabenheit« ausgelöst werden sollte. Das Kaufhaus wurde 1970 eröffnet.

Nach der Wiedervereinigung erwarb der Einzelhandelsriese Kaufhof das Warenhaus Centrum. Zwar wurde das Innere renoviert, doch abgesehen von dem neuen »Kaufhof«-Schild und den grünen Fahnen auf dem Dach wurde am Äußeren des Gebäudes aus der DDR-Zeit nichts verändert.

Das 1970 eröffnete ›Centrum‹ Warenhaus des Architekten Josef Kaiser gehört seit den neunziger Jahren zum Kaufhof-Konzern

KARSTADT

Die Anfänge moderner Kaufhäuser gehen auf das späte neunzehnte Jahrhundert zurück. Damals erkannten Kaufleute wie Rudolph Karstadt die wirtschaftlichen Vorteile der Vereinigung einer breiten Palette von Einzelhandelsgeschäften unter einem Dach. 1881 eröffnete Karstadt in Wismar sein erstes Warenhaus für Manufakturwaren, Konfektion und Stoffe. Dabei setzte er alles daran, seine Waren einerseits zu günstigen Preisen anzubieten und andererseits hohe Umsätze zu erzielen. Das Konzept ging auf, und so entstanden immer mehr Häuser. 1920 übernahm das expandierende Kaufhausunternehmen die Kurzwaren-, Woll- und Wäschegeschäfte Theodor Althoffs. Der auf diese Weise entstandene Konzern wurde von nun an unter dem Namen Rudolph Karstadt AG geführt.

Wollte er in Berlin Erfolg haben, mußte Karstadt in einen Einzelhandelsmarkt eindringen, auf dem bereits zahlreiche Konkurrenten tätig waren. Schon seit einigen Jahrzehnten lieferte sich Hermann Tietz in der Leipziger Straße einen Kampf mit der Familie Wertheim, und im ›neuen‹ Westen warb ein Konsortium unter der Führung von Adolf Jandorf mit seinem vornehmen Kaufhaus des Westens um die Gunst der Kunden. Während einer Phase der raschen Expansion in der Zeit der Weimarer Republik, als Karstadt es auf immerhin neunundachtzig Geschäfte gebracht hatte, entschloß sich der Konzernchef, eine Niederlassung in einem Teil Berlins zu errichten, der von den anderen Kaufhausbetreibern der Stadt bis dahin übersehen worden war: im Bezirk Neukölln.

Am 21. Juni 1929 eröffnete Karstadt an der Westseite des Hermannplatzes ein imposantes neues Kaufhaus. Das von dem Hamburger Architekten Philipp Schäfer entworfene Gebäude vermittelte mit seinen klaren, senkrechten Linien eine Illusion von Höhe, welche die tatsächliche Größe des Gebäudes weit übertraf. »Wir haben den amerikanischen Traum verwirklicht«, hieß es vollmundig in einem anläßlich der

Oben: Der U-Bahnhof Hermannplatz, ein Entwurf des Architekten Alfred Grenander, mit direktem Zugang zum Untergeschoß des Kaufhauses Karstadt, in den dreißiger Jahren und heute

Rechte Seite: Errichtung des neuen Karstadt-Kaufhauses am Hermannplatz in Neukölln. Nach seiner Fertigstellung war es das größte Einzelhandelsgeschäft in Berlin

Einweihungsfeier herausgegebenen Handbuch über die Architektur des Baus. Auf sieben Stockwerken bot das Gebäude dreihundertvierzigtausend Quadratmeter Büro- und Verkaufsfläche und war damit das seinerzeit größte Kaufhaus der Stadt. Auf dem Dach konnten die Kunden im Schatten der Zwillingstürme vom Garten des Restaurants aus einen eindrucksvollen Rundblick auf Berlin genießen.

Das neue Karstadt-Gebäude bot auch bei Nacht einen imposanten Anblick. Von den beiden fünfzehn Meter hohen Türmen auf dem Dach leuchtete ein Lichtdom hoch hinauf in den Abendhimmel. Dieses neue Wahrzeichen der Stadt wurde in den nächsten fünfzehn Jahren von Piloten auf dem Weg zum nahegelegenen Flughafen Tempelhof häufig als Orientierungspunkt genutzt.

Neben seiner modernen, eindrucksvollen Architektur bot das neue Karstadt-Kaufhaus noch einen weiteren Vorzug – über eine Unterführung war es direkt mit dem soeben von Alfred Grenander fertiggestellten U-Bahnhof Hermannplatz verbunden. Mit Ausnahme von Tietz am Alexanderplatz hatte kein anderes bedeutendes Warenhaus seinen Kunden eine solche Annehmlichkeit zu bieten.

In den Kriegsjahren fiel es der Geschäftsleitung zunehmend schwerer, die Regale zu füllen. Angesichts eines strengen Rationierungssystems und des Verlusts von Lieferanten sowie der Zerstörung zahlreicher für den Transport wichtiger Verkehrswege gab es immer weniger Waren. Als die sowjetischen Truppen wenige Kilometer vor Berlin standen und die Lebensmittelvorräte in der Stadt fast vollständig aufgebraucht waren, wurde das Kaufhaus von Plünderern heimgesucht. Hungrige Menschen rannten durch die Regalreihen und rissen Nudeln, Marmelade, Dosenmilch und alles andere heraus, was auch immer sie in die Hände bekamen.

In den letzten Tagen des Krieges machte sich ein SS-Trupp daran, an den Fundamenten des Gebäudes Sprengladungen anzulegen.

Linke Seite oben: Die großzügige Dachterrasse mit Restaurant, vom Südostturm des Kaufhauses in nördlicher Richtung gesehen
Linke Seite unten: Werbeplakat aus den dreißiger Jahren

Oben rechts: Karstadt im Jahr 1931, zwei Jahre nach seiner feierlichen Eröffnung

Rechts: Die Trümmer des Kaufhauses Karstadt. Lediglich ein kleiner Teil des ursprünglichen Gebäudes hat den Krieg überlebt

STADT KARSTADT
KARSTADT
KARSTADT
KARSTADT
KARSTADT
KARSTADT
KARSTADT

Der Befehl lautete, die Vorräte im Wert von neunundzwanzig Millionen Reichsmark, die noch im Keller des Kaufhauses lagerten, nicht in die Hände der vorrückenden Sowjets geraten zu lassen. So wurde das Karstadt-Gebäude am 26. April 1945 gesprengt. Noch am Nachmittag desselben Tages betraten Soldaten der Roten Armee die rauchenden Trümmer des Kaufhauses Karstadt.

Die politischen Veränderungen der Nachkriegszeit in Deutschland brachten der Karstadt AG einen wirtschaftlichen Rückschlag. Von siebenundsechzig Geschäften, die sie vor dem Krieg betrieben hatte, blieben der Karstadt AG nur noch fünfundvierzig. Die übrigen Einrichtungen lagen entweder in der sowjetisch besetzten Zone Deutschlands oder in Ostpreußen, das nun zu Polen und der UdSSR gehörte.

Es war ein Glücksfall für die Eigentümer, daß sich das Karstadt-Kaufhaus am Hermannplatz im amerikanischen Sektor befand. In den fünfziger Jahren errichtete der Konzern an der Südwestecke des Platzes ein zunächst vierstöckiges Gebäude, das im Laufe der darauffolgenden Jahre allmählich erweitert wurde.

Heute ist das Kaufhaus wieder gut im Geschäft. Allerdings sind von dem ursprünglichen Bau Schäfers aus den zwanziger Jahren nur ein kleiner Teil des Westflügels und einige alte Treppenhäuser erhalten. Von außen bot das Kaufhaus Karstadt viele Jahre ein eher tristes Erscheinungsbild, doch mit dem Umbau in jüngster Zeit wird versucht, etwas von dem Flair zurückzubringen, das einst nach der Einweihung des ersten, hier vor über sechzig Jahren errichteten Kaufhauses geherrscht hat.

Das umgebaute Karstadt-Gebäude, dessen neue Fassade von Architekt Jürgen Sawade entworfen wurde

BEROLINA-HAUS UND ALEXANDER-HAUS

Ende der zwanziger Jahre wurden am Königsgraben ein Aschinger-Restaurant und eine Reihe verfallener Häuser abgerissen, um Platz für ein ehrgeiziges neues stadtplanerisches Projekt zu schaffen, mit dem der Alexanderplatz zu einem repräsentativen Ort der blühenden Metropole der Zukunft umgewandelt werden sollte.

Die avantgardistischen Büroblocks, die sich auf dem Platz erheben, sind Teil eines Entwurfs des Architekten Peter Behrens, mit dem dieser beim Wettbewerb für die Gestaltung des Platzes den zweiten Preis gewann. In seinen Entwürfen erklärte Behrens den von den Berliner Architekten lange Zeit favorisierten Karyatiden, romanischen Säulen und Rankenwerk eine Abfuhr. Er hielt sie für prätentiös und unehrlich.
Sein minimalistischer Stil war charakteristisch für die Bewegung der Internationalen Moderne, die bereits vor dem Ersten Weltkrieg einsetzte und sich im Laufe der Zeit in vielen modernen Gebäuden manifestierte, die während der Weimarer Republik in Berlin errichtet wurden.

Behrens machte sich die neueste Bautechnik zunutze und verwendete Stahlbeton, um seine kantigen Entwürfe zu realisieren. Sowohl am Alexander-Haus als auch am Berolina-Haus benutzte er für die Außenwände Doppelquadrate aus Betonplatten mit einer Granitverblendung. Dieses Muster wurde in den Fenstern fortgeführt, die wiederum jeweils in vier quadratische Flächen unterteilt waren. Zwei identische, acht Stockwerke hohe, verglaste Treppenhäuser, die bei Nacht mit Neonlampen hell erleuchtet waren, vervollständigten die Wirkung von Klarheit und Geradlinigkeit.

In beiden Gebäuden war das Erdgeschoß jeweils verschiedenen Geschäften vorbehalten, während die darüberliegenden Etagen Büroräume beherbergten. Im obersten Stockwerk des Berolina-Hauses war zudem der Berolina-Dachgarten eingerichtet. In den dreißiger Jahren wurde das Restaurant mit seinem Tanzsaal, das sich dort oben, hoch

Linke Seite außen: Programmheft des Kabaretts ›Berolina‹
Links: Alexander-Haus und Berolina-Haus bei Nacht, Ende der dreißiger Jahre, rechts im Bild ›Hertie‹

Unten: Der Bahnhof Alexanderplatz 1932, eingerahmt vom Alexander-Haus (links) und dem Berolina-Haus (rechts)

Beschädigte Ecke des Alexander-Hauses im Jahr 1945

über dem Alexanderplatz befand, zu einem der populärsten Nachtlokale im Zentrum Berlins.

Ein Großteil der Gebäude, die Behrens am Alexanderplatz errichtet hatte, blieb von den schweren Bombenangriffen während des Krieges verschont. Dies war um so erstaunlicher, als der Bürokomplex in unmittelbarer Nachbarschaft zu dem strategisch wichtigen Bahnhof Alexanderplatz stand. In einer einzigen Nacht, am 26. Februar 1944, warfen die Flugzeuge der Alliierten schätzungsweise zweitausendachthundert Tonnen Sprengstoff auf die Umgebung des Bahnhofs ab.

Nur wenige Wochen nach dem Ende des Krieges hatten Trümmerfrauen die Steinwüste auf dem Alexanderplatz aufgeräumt, später wurden nahezu sämtliche Gebäude rund um den Platz abgerissen. Behrens' Meisterwerke blieben jedoch verschont. 1952 konnten hier wieder Büros bezogen werden.

Eine gründliche Restaurierung des Alexander-Hauses wurde nach der Wiedervereinigung begonnen und am 15. November 1995 abgeschlossen. Heute ein denkmalgeschütztes Wahrzeichen der Stadt, wird das Bürogebäude zur Zeit unter anderem von der Bankgesellschaft Berlin, seinem wichtigsten Mieter, genutzt. Angesichts der Büroraumschwemme im Zentrum Berlins in jüngster Zeit wurde die Restaurierung des Berolina-Hauses bis in das einundzwanzigste Jahrhundert verschoben.

Rechts: Peter Behrens' Bürohäuser in den frühen Jahren der DDR

Unten: Der Alexanderplatz heute, mit Blick auf das renovierte Alexander-Haus und das Berolina-Haus. Der Bahnhof wurde mittlerweile verkleinert und der Platz begrünt. Im Hintergrund ist der Berliner Fernsehturm zu erkennen

SHELL-HAUS

Rechte Seite: Das Shell-Haus im Bau, Winter 1931. Der Entwurf des Gebäudes war so unkonventionell, daß der Architekt dreihundertundzwanzig Mal bei der Bauverwaltung vorstellig werden mußte, ehe die Bauarbeiten abgeschlossen werden konnten

Gegen Ende der Weimarer Republik erteilte die Shell Oil Company dem Architekten Emil Fahrenkamp den Auftrag für ein Gebäude auf einem Grundstück am Landwehrkanal. Hier sollte der Sitz ihrer deutschen Tochtergesellschaft, der Rhenania-Occas-Gesellschaft entstehen. Fahrenkamp, der sich mit kühnen Industriebauten bereits einen Namen gemacht hatte, entwarf eines der architektonisch bedeutendsten Gebäude der Zeit zwischen den beiden Weltkriegen.

Das Haus ließ er nicht aus Gießbeton errichten, sondern mit einer Stahlskelettkonstruktion. An der Fassade wurden geschwungene Fensterbänder in eine Verkleidung aus Kalkstein integriert. Bis zur Vollendung seines innovativen Baus mußte der Architekt nicht weniger als dreihundertundzwanzigmal wegen verschiedener Genehmigungen bei der Baubehörde vorstellig werden.

1940 hatten die Mitarbeiter der Shell AG ihre Büros zu räumen, um Platz für die deutsche Marineverwaltung zu machen. Von den schweren Luftangriffen auf Berlin während des Zweiten Weltkriegs blieb das Shell-Haus zum Glück verschont. Auch im Spätherbst 1943, als ein Großteil der umliegenden Gebäude dem Erdboden gleichgemacht wurde, kam es nur zu kleinen Schäden. Dennoch litten die dort arbeitenden Büroangestellten unter den im Krieg immer schlechter werdenden Bedingungen. Gas- und Stromleitungen waren zerstört, und so mußten die Beamten der Marineverwaltung mitten im Winter häufig ohne Strom und Heizung arbeiten. Da es kein künstliches Licht gab, endete ihr Arbeitstag bisweilen bereits um fünfzehn Uhr, nachdem die blasse Wintersonne untergegangen war.

Die Travertinfassade des Gebäudes wurde während des letzten Angriffs der sowjetischen Armee auf Berlin noch durch schweren Artilleriebeschuß beschädigt, aber insgesamt hat das Shell-Haus den Krieg mehr oder weniger intakt überstanden. Im November 1945 versammelte sich das versprengte diplomatische Corps in dem Bürohaus, da die

RHENANIA OSSAG
PROF E FAHRENKAMP

Das 1932 vollendete Shell-Haus des Architekten Emil Fahrenkamp. Die Front am Landwehrkanal ist sägezahnförmig gestaffelt und besitzt zwischen fünf und elf Etagen

Oben rechts: Das von russischen Granaten beschädigte Shell-Haus im Mai 1945

Unten rechts: Das ehemalige Shell-Haus ist heute Sitz der GASAG, der Berliner Gaswerke. Die jüngste Renovierung wurde 2000 abgeschlossen

Rechte Seite: Das Shell-Haus an der Ecke Stauffenbergstraße. Die Fenster an den Gebäudekanten bestehen aus gewölbtem Glas

verwüsteten Botschaften erst wiederaufgebaut oder auch verlagert werden mußten. Drei Jahre später zog die Bewag, Berlins Stromversorger, in den Fahrenkamp-Bau ein und blieb dort bis zum Jahr 1995.

Das Interieur des Shell-Hauses wurde 1952 instandgesetzt, und 1960 wurden die Außenflächen des Gebäudes mit Aluminium verkleidet. Mitte der neunziger Jahre war der zehngeschossige Bau jedoch wieder sehr reparaturbedürftig. Nach dem Umzug der Bewag in ihr neues Gebäude in Treptow stand der mittlerweile unter Denkmalschutz gestellte Bau zunächst leer.

Nach »schwierigen, doch konstruktiven« Verhandlungen mit der Stadtverwaltung leitete die Bewag 1997 ein Renovierungsprojekt ein, das die bisher umfassendste Restaurierung des Shell-Hauses vorsah. In seinem Rahmen wurde das Gebäude bis auf das Stahlskelett abgetragen. Die dringend erforderlichen Reparaturen, welche die Besitzer der Immobilie letztlich insgesamt fünfzig Millionen Mark kosten werden, zielten darauf ab, einerseits den Bedürfnissen der künftigen Nutzer gerecht zu werden und andererseits möglichst viel von dem ursprünglichen Fahrenkamp-Bau zu erhalten. Die bröckeligen Fassaden des Gebäudes wurden durch neue Natursteinplatten ersetzt und die verrosteten stählernen Fensterrahmen durch Rahmen aus Messing. Im Innern wurden Bausünden der fünfziger Jahre wie alte Zwischenwände und verdeckte Lichtquellen rückgängig gemacht. Die große Eingangshalle, Treppenhäuser, Oberlichter und die ursprünglichen Stahltüren wurden gleichfalls wieder in den Originalzustand versetzt.

Nun ist die GASAG, die Berliner Gaswerke, in Fahrenkamps Gebäude eingezogen und wird aufgrund eines langfristigen Mietvertrages mindestens für die nächsten zehn Jahre im Shell-Haus ihren Sitz haben.

GASAG

COLUMBUS-HAUS

Es gibt nur wenige Plätze in Berlin, die im vergangenen Jahrhundert Ort so vieler dramatischer Ereignisse waren wie das schmale Areal in der südöstlichen Ecke des Tiergartens, bekannt als Lenné-Dreieck.

Ursprünglich Teil des königlichen Jagdreviers, diente dieses Grundstück von 1750 bis in die Mitte des neunzehnten Jahrhunderts als Schulgarten. Doch mit der Entwicklung Berlins wurden die dortigen Maulbeerbaumplantagen von dichter Wohnbebauung und zahlreichen Geschäftshäusern verdrängt.

Im Jahr 1888 entstand in der südöstlichen Ecke des Dreiecks, dort wo Bellevuestraße und Königgrätzer Straße zusammentrafen, ein sechsstöckiges Hotel. Auf der Straßenseite gegenüber dem Hotel Bellevue, das nach einem Entwurf von Ludwig Heim errichtet wurde, erhob sich noch einmal ein gleiches Gebäude – quasi dessen Spiegelbild: das ebenso grandiose Palast-Hotel. In den folgenden vierzig Jahren standen die beiden Hotels dort wie identische wilhelminische Buchstützen an der Nordseite des Platzes und begrüßten die Flut der Reisenden, die aus dem Potsdamer Bahnhof strömte.

Im Jahr 1928 – das Bellevue hatte unter schlechten Zeiten gelitten – wurde das Hotel schließlich abgerissen, um einem neuen Bauvorhaben Platz zu machen, das unter der Ägide der französischen Einzelhandelskette Galeries Lafayette stehen sollte. Die Finanzierung des Gebäudes kippte jedoch unerwartet und plötzlich, denn von der Weltwirtschaftskrise 1929 blieb auch Frankreich nicht verschont. Um das Projekt zu retten, entwickelte der Architekt Erich Mendelsohn den Plan, auf der stillgelegten Baustelle eine gigantische Werbetafel zu errichten. Mit Hilfe der Einnahmen aus der Reklamewand konnten seine Kunden das Geld für eine Fortsetzung des Bauvorhabens am Ende doch noch aufbringen.

Links: Das Hotel Bellevue und das Palast-Hotel an der Nordseite des Potsdamer Platzes im Jahr 1910. Die beiden Hotels, mit identischen Mansardendächern und dem Dekor wilhelminischen Stils, standen sich fünfunddreißig Jahre lang an der Königgrätzer Straße gegenüber

---

Oben: Riesige Reklameflächen verhüllen das zum Stillstand gekommene Bauvorhaben Columbus-Haus im Jahr 1931. Durch die Werbeeinnahmen konnte die Finanzierung gesichert und der Bau nach Entwürfen von Erich Mendelsohn weitergeführt werden

Unten: Das Columbus-Haus wenige Jahre nach seiner Fertigstellung. Die Eröffnung des Bürogebäudes fiel in die Mitte einer schweren Weltwirtschaftskrise. Trotzdem zog Mendelsohns Bau bald einen finanzkräftigen Mieter an: ein Woolworth-Kaufhaus wurde im Hauptgeschoß eingerichtet

Die Bautätigkeiten wurden wieder aufgenommen und Mitte Januar 1933 konnte das neue Gebäude offiziell eröffnet werden. Damit wurde das Columbus-Haus der letzte architektonische Beitrag zum Potsdamer Platz vor dem Krieg. Zur Umsetzung seines modernen Entwurfs machte sich Mendelsohn die jüngsten Fortschritte der Bautechnik zunutze. Freistehende Säulen aus Gießbeton wurden in das Gebäude hineingesetzt, um dem markanten Baldachin auf dem Dach und einer säulenlosen Glasfassade Raum zu bieten. Mit den sich daraus ergebenden geschwungenen, klaren Linien war das von Mendelsohn geschaffene Gebäude nach Meinung vieler Kritiker eines der schönsten Beispiele für die Bewegung des Neuen Bauens in Berlin.

Mendelsohns zehnstöckiges Werk war eigentlich nur als einer von vielen futuristischen Bürotürmen gedacht, die irgendwann den Potsdamer Platz säumen sollten, doch war ihm nur ein kurzes, aber ereignisreiches Dasein beschieden. Im Monat der Eröffnung kamen Hitler und die Nationalsozialisten an die Macht. Erich Mendelsohn mußte mit seiner Familie aus Deutschland fliehen. Der jüdische Architekt sollte den Rest seines Lebens im Exil verbringen.

Obwohl das Gebäudeinnere in den letzten Kriegstagen von russischem Artilleriefeuer zerstört worden war, hatte das Äußere des Columbus-Hauses auf wundersame Weise die Luftangriffe überstanden, was man als Beweis für Mendelsohns solide Bauplanung deuten könnte – oder als Folge glücklicher Zufälle.

Kurze Zeit nach der Niederlage der Nationalsozialisten wurde das Erdgeschoß des Columbus-Hauses renoviert und danach vom Kaufhaus

Linke Seite: Mitglieder des Volkssturms errichten Ende April 1945 in einem letzten Versuch, die Rote Armee zurückzuschlagen, Panzersperren vor dem Columbus-Haus

---

Unten: Auf einem schmalen Streifen des DDR-Gebiets stehend, das nach West-Berlin hineinragte, wurde das Columbus-Haus erneut zu einer Art Werbefläche – im Propagandakrieg zwischen Ost- und West-Berlin. Dieses Foto zeigt das Columbus-Haus im August 1951, behängt mit sozialistischen Parolen

TABAKWAREN
BRITISH SECTOR
Tabakwaren

Linke Seite: Das Columbus-Haus in Flammen während des Arbeiteraufstandes vom 17. Juni 1953

Wertheim und einigen wenigen anderen gewerblichen Mietern genutzt. Unterdessen pfiff der kalte Nordwind weiter durch die rußgeschwärzten Balken der ungeschützten oberen Stockwerke des Gebäudes.

Die Teilung Berlins in einen russischen, einen amerikanischen, einen britischen und einen französischen Besatzungssektor erfolgte weitgehend entlang der Stadtbezirksgrenzen, was bisweilen zu seltsamen Ergebnissen führte. Eine sich daraus ergebende geographische Merkwürdigkeit war das Lenné-Dreieck, auf dem sich nun das Columbus-Haus auf einem Streifen des von den Sowjets kontrollierten Bodens wiederfand. Er ragte tief in den britischen Sektor hinein.

Wie zu erwarten, wurden die Geschäfte, die nach dem Krieg langsam begonnen hatten, im Columbus-Haus Fuß zu fassen, nach der Gründung der DDR im Jahr 1949 beschlagnahmt. Wertheim wurde in einen staatlich betriebenen HO-Laden umgewandelt und gesellte sich so zu einer Autowerkstatt und einem Restaurant unter sozialistischer Verwaltung. Als sich die politischen Rivalitäten zwischen den beiden Teilen Berlins verstärkten, wurden die noch immer leerstehenden oberen Stockwerke des Gebäudes mit Transparenten behängt, auf denen prägnante Botschaften des ›vorwärts strebenden‹ Sozialismus und Verunglimpfungen des ›imperialistischen‹ Westens standen.

Der Arbeiteraufstand in der DDR von 1953 besiegelte das Schicksal des Columbus-Hauses für immer. Die staatlichen Geschäfte im Erdgeschoß wurden von wütenden Demonstranten in Brand gesetzt, und der Schaden wurde nie repariert. Wenig später beschloß die DDR-Regierung, das Gebäude ganz und gar aufzugeben. Ab 1956 wurde es Etage für Etage abgebaut, wobei Teile aus Stahl und anderen raren Baumaterialien, soweit möglich, gerettet wurden. Die letzten Überreste des Columbus-Hauses verschwanden im Jahr 1961 vor der Errichtung der Berliner Mauer.

Als es am 13. August 1961 darum ging, die Grenze abzuriegeln, beschlossen DDR-Sicherheitsplaner, das Lenné-Dreieck preiszugeben, und errichteten die Betonbarriere an der Ostseite entlang der Ebertstraße. So war dieses vierzig Ar große Stück Land jahrelang letztlich staatenlos und unterlag der Kontrolle keiner Regierung.

Im Jahr 1988 nahm der West-Berliner Senat schließlich das Areal in Besitz, nachdem er es für ein paar andere unregelmäßige Stückchen Land am westlichen Rand der Stadt eingetauscht hatte. Geplant war der Bau einer Schnellstraße, über welche die südlichen Stadtbezirke besser mit den Bezirken Moabit und Wedding im Norden verbunden werden sollten. Umweltschützer stellten sich jedoch entschlossen gegen diese Pläne und errichteten aus Protest Zelte auf dem mit Unkraut überwucherten Grundstück. Als die Übergabe schließlich am 1. Juli amtlich war, wurde das Camp von der West-Berliner Polizei geräumt. Um der Verhaftung zu entgehen, kletterten etliche Sympathisanten der Grünen und Anarchisten über die Mauer. Dies war wohl in der gesamten siebenundzwanzigjährigen Geschichte der Mauer der einzige Exodus von Flüchtlingen über den ›antifaschistischen Schutzwall‹ gen Osten.

Die Wiedervereinigung Berlins weniger als zwei Jahre später brachte die Stadtoberen dazu, ihre Straßenbaupläne noch einmal zu überdenken. Die Privatbank Delbrück & Co. hat seitdem den Teil des Lenné-Dreiecks in Besitz, auf dem einst das Columbus-Haus stand. Das Unternehmen beauftragte den Architekten Hans Kollhoff mit der Erarbeitung eines Entwurfs für einen Wohn- und Büroturm; Höhe der geplanten Bausumme: siebzig Millionen Mark.

Oben: Auf dem Grundstück des einstigen Columbus-Hauses entsteht dieser Neubau des Architekten Hans Kollhoff

Rechte Seite: Neben dem Sony-Hochhaus von Helmut Jahn liegt das Baugelände für das Gebäude von Hans Kollhoff

AQUA-TEK
CAT

WINTERGARTEN

Oben links: Der Wintergarten des Central-Hotels, der bald zum beliebtesten Varietétheater Berlins umgebaut wurde, Aufnahme aus dem Jahr 1880

Oben rechts: Eine Fotografie des Wintergartens vor dem Umbau im Jahr 1928. Damen, die nicht in den Logen oder auf der Empore saßen, wurden aufgefordert, ihren Hut abzunehmen

Im Jahr 1880 wurde an der Südseite des Bahnhofs Friedrichstraße das pompöse Central-Hotel eröffnet. Attraktion dieser im Auftrag von Kaufmann Herrmann Geber entstandenen Nobelunterkunft war der zweitausendfünfhundert Quadratmeter große Wintergarten. Er zog sich innerhalb des Gebäudes von der Dorotheenstraße bis hin zur Georgenstraße. Zwischen den Palmen, Lianen und Blumenarrangements fanden zuweilen Redouten, Ausstellungen und kleine bunte Programme statt. Das brachte den Wiener Julius Baron auf die Idee, den Wintergarten zu pachten und zu einem Varieté umzugestalten. Das Glasdach wurde durch eine feste, blau gestrichene Decke ersetzt, die, mit tausend Glühlampen bestückt, die Illusion eines phantastischen nächtlichen Sternenhimmels bot – sie wurde bald zum Markenzeichen des Wintergartens. Am hinteren Ende des Zuschauerraums erhob sich eine großzügige Empore, auf der die Gäste auch während der Vorstellung Speisen und Getränke genießen konnten.

Im Jahr 1887 konnte das erste Programm starten: fünf Orchester-Piecen, eine Liedsängerin, ein Primo Tenore, ein provencalisches Quartett, ein spanisches Sextett, eine Salonjodlerin, ein Wiener Duettistenpaar, drei Xylophon-Virtuosen und Beiträge des Hausorchesters sowie der Magnatenkapelle des Vörös Miska. Anfangs hatte der Impresario offenbar Probleme, Artisten zu verpflichten. Das änderte sich jedoch bald.

Chinesische Jongleure, Seiltänzer, von denen zum Beispiel einer mit einem reich gedeckten Tisch auf dem Drahtseil saß und speiste, Hochradkünstler, Schlangenmenschen und Zirkuskünstler wie der Amerikaner Harry Houdini, der sich unter Wasser von schweren Eisenketten befreien konnte, sorgten für Spannung beim Publikum.

Binnen weniger Jahre sollte der Wintergarten das populärste Varieté in ganz Berlin werden, dessen Ruf als beliebtes Vergnügungsetablissement sich bis nach Paris und London verbreitete. Der Aufstieg war vor allem

Rechts: Martha Westerns ›Lebende Bilder‹, die 1925 auf der Bühne des Wintergartens zu sehen waren. Die Stadtoberen tolerierten Nacktheit in der Öffentlichkeit, solange die ›Künstler‹ bewegungslos blieben

Unten: Außenansicht des Central-Hotels an der Ecke Friedrichstraße, Dorotheenstraße. Der Haupteingang zum Wintergarten befand sich links um die Ecke. Im Hintergrund die Eisenbahnbrücke des Bahnhofs Friedrichstraße

Winter
Garten

Julius Baron zu verdanken. Ihm gelang es in den folgenden Jahren, alles, was Rang und Namen in der Welt der heiteren Muse hatte, auf die Bühne des Wintergartens zu holen. Hier gastierten die Tiller-Girls, die Saharet mit ihren Can-Can-Tänzen oder die Otéro mit ihren schwülen Chansons, hier amüsierte der Komiker Grock das Publikum, begeisterte Fritzi Massary mit Operettenmelodien. Und hier gastierte immer wieder Otto Reutter, der mit seinen humorvollen Couplets die Berliner in Scharen anzog.

Im Jahr 1895 waren die Betreiber des Wintergartens sich sicher, etwas Außergewöhnlichem auf der Spur zu sein, als sie von einem in Pankow vorgeführten Bioscop erfuhren. Dieses Gerät sollte »lebende Bilder« projizieren. So wurde im Wintergarten Kinogeschichte geschrieben, als hier ab dem 1. November 1895 Max Skladanowsky mit seinem ›Theater lebender Photographien‹ gastierte – zwei Monate bevor die Gebrüder Lumière in Paris ihren Kinematographen der Öffentlichkeit vorstellten. Skladanowsky zeigte dem staunenden Publikum mit seinem Doppelprojektor Drei- bis Vier-Minuten-Filme mit Titeln wie »Boxendes Kängeruh«, »Akrobatisches Potpourri« oder »Mann verfolgt Mann«.

Nach dem Ersten Weltkrieg gingen die Zuschauerzahlen im Wintergarten zurück. Die Berliner suchten ihr ›Amüsemang‹ immer häufiger im Licht der Neonlampen des neuen Westens rund um den Bahnhof Zoo. So blieb es nicht aus, daß die 1920 eröffnete ›Scala‹ an der Lutherstraße, Ecke Fuggerstraße dem Wintergarten als beliebtestes Revuetheater der Stadt bald den Rang ablief.

Zu Beginn des Zweiten Weltkriegs erlebte der Wintergarten eine kurze Renaissance. Leichte Unterhaltung – ob im Film oder auf der Bühne – förderten die Nationalsozialisten stärker denn je, um so die Bevölkerung von der Realität des Krieges abzulenken.

Angesichts der verordneten Beschränkungen in diesem Bereich, zum Beispiel die Tabuisierung ›undeutscher‹ Musik wie Swing und Jazz oder das Verbot von Wahrsagern, Hypnotiseuren oder Gedankenlesern auf der Bühne, machten es der Direktion allerdings schwer, ein gutes Programm zusammenzustellen.

Den Zweiten Weltkrieg überlebte der Wintergarten nicht. Mitsamt dem Central-Hotel sank er in Schutt und Asche.

Der Eingang zum Wintergarten im schwer beschädigten Central-Hotel nach dem Krieg

Erst Ende der siebziger Jahre begannen in der DDR die Planungen für einen Wiederaufbau der Friedrichstraße. Mit einem gewaltigen Aufwand sollte sie in eine Einkaufs- und Unterhaltungsmeile verwandelt werden. Bis zur Mitte der achtziger Jahre wurden zahlreiche Bauvorhaben realisiert, darunter das Grand Hotel und der Neubau des Friedrichstadtpalasts. Ein Vergnügungskomplex sollte dort entstehen, wo einst das Central-Hotel mit dem Wintergarten gestanden hatte. In einer 1987 erschienenen, offiziellen Broschüre hieß es optimistisch: »Auch er [der Wintergarten] wird in absehbarer Zeit wieder als Varieté zu kurzweiligen Stunden einladen.«

Schon zwei Jahre darauf machte der Zusammenbruch der DDR die Pläne eines staatlich subventionierten Wintergartens zunichte.

Heute ist auf der noch immer freien Fläche die Errichtung eines Wohn- und Geschäftshauses mit dem Namen Friedrich-Carré vorgesehen.

Die Tradition des alten Varietétheaters ist inzwischen in der Potsdamer Straße wieder zum Leben erweckt worden. Im dortigen ›Wintergarten‹ mit den livrierten Pagen am Eingang kann das Publikum wie einst unter dem Sternenhimmel bei Speisen und Getränken Stars und Sternchen der internationalen Varietékunst genießen.

Die Kreuzung der heute breiteren Friedrichstraße mit der Dorotheenstraße. Abgesehen vom Bahnhof Friedrichstraße mit seiner Eisenbahnbrücke steht hier kein historisches Gebäude mehr, auf dem Grundstück des einstigen Central-Hotel wird das Friedrich-Carré errichtet

THEATER AM NOLLENDORFPLATZ

Im Jahr 1906 erhielt die Stadt Schöneberg ein Theater, das ›Neue Schauspielhaus‹, direkt am Nollendorfplatz. Ein nach Plänen des Architekten Albert Fröhlich errichteter Theater- und Konzertsaal mit eintausend Plätzen und einer Jugendstilfassade. Ein großer Erfolg war dieser Bühne jedoch nicht von Anfang an vergönnt. Erst zwanzig Jahre später sollte sie ins Licht der Öffentlichkeit rücken, als der damals vierunddreißigjährige Regisseur Erwin Piscator an dieses Haus kam.
Piscator gehörte zur Avantgarde unter den Theaterkünstlern und brachte mit seiner Kunst den revolutionären Geist jener Jahre auf die Bühne. Seine Inszenierungen an der Volksbühne, der er seit der Spielzeit 1924/25 angehört hatte, waren bei der Leitung der Volksbühne zunehmend auf Kritik gestoßen, da sie »für ein breiteres Publikum« nicht verständlich gewesen seien. Vor allem aber stieß Piscators radikal sozialkritische, antikapitalistische Sichtweise auf Widerstand. Im März 1927 war es deshalb zum Bruch mit der Volksbühne gekommen. Finanziell unterstützt durch den wohlhabenden Ehemann der Schauspielerin Tilla Durieux, konnte Piscator sein ›Theater am Nollendorfplatz‹ am 3. September 1927 mit »Hoppla, wir leben!« von Ernst Toller eröffnen. Die Aufführung des unter Einfluß Piscators entstandenen Stücks war ein Beispiel für die moderne Theaterauffassung Piscators, die er schon an der Volksbühne praktiziert hatte. Unter Verwendung moderner technischer und theatralischer Mittel wie dem Einsatz eines Stahlgerüsts mit verschiebbaren Wänden auf der Bühne – das unter anderem ein Spiel auf verschiedenen Ebenen ermöglichte –, durch Kommentareinschübe, Songs und Filmprojektionen sprengte er das Prinzip der ›Guckkastenbühne‹. Der Zuschauer sollte »denken, nicht fühlen lernen«. Mit der Aufführung von Tollers Stück verwirklichte Piscator seine Ideen vom ›dokumentarischen Theater‹, nach seiner Vorstellung ein Mittel zur politischen Willensbildung der Massen. Die Aufführung wurde ein großer Erfolg, und auch in die nächsten Inszenierungen zog es die bürgerlichen Zuschauer an den Nollendorfplatz –

Links: Oskar Karlweiss und Lizzi Waldmüller in Ludwig Wolffs und Carl Behrs Stück »Traum einer Nacht«, das hier 1930 Premiere hatte

---

Unten: Das Theater am Nollendorfplatz Anfang der dreißiger Jahre, nachdem Erwin Piscator seine Bühne des dokumentarischen Theaters aus finanziellen Gründen aufgeben mußte

nicht zuletzt aufgrund damit einhergehender spektakulärer Ereignisse.

So führte die Inszenierung des »Rasputin« von Alexei Tolstoi zu einer Klage des Kaisers aus dem Exil, und die Satire des »Braven Soldaten Schwejk« brachte dem Theater eine offizielle Anklage wegen Blasphemie ein. Grund dafür war das von George Grosz entworfene Bühnenbild mit Christus am Kreuz, ausstaffiert mit Militärstiefeln und einer Gasmaske.

Der seit der Gründung immer prekären finanziellen Situation der Piscator-Bühne halfen diese Skandale jedoch nicht. Piscator mußte sein Theater einer Verwaltung übergeben, konnte 1929 hier aber noch Walter Mehrings Drama »Der Kaufmann von Berlin« auf die Bühne bringen. Das Stück eines jüdischen, zu Reichtum gekommenen Kaufmanns aus der Berliner Gesellschaft löste größtes Mißfallen unter dem wohlhabenden Publikum aus und besiegelte damit das Ende der Piscator-Bühne.

Die im selben Jahr beginnende Weltwirtschaftskrise hatte dann auch das Aus des Theaters am Nollendorfplatz zur Folge. In dem Gebäude etablierte sich ein Filmtheater unter dem Namen ›Mozartsaal‹. Im Dezember 1930 verhinderten hier nationalsozialistische Trupps die Aufführung des Antikriegsfilms »Im Westen nichts Neues« nach dem berühmten Roman von Erich Maria Remarque. Mit Stinkbomben und weißen Mäusen vertrieben sie das Publikum aus dem Saal.

Nach dem Zweiten Weltkrieg richtete sich in dem Gebäude wieder ein Kino mit dem Namen ›Metropol‹ ein.

1978 wurde der Zuschauerraum mit Spiegelkugeln und blitzenden Lichtern im Stil einer New Yorker Diskothek umgestaltet und ist auch heute noch eine der größten Diskotheken Berlins – mit Groove, Hiphop und ›Housey Funky Jazzy Stuff‹.

Postkarte mit dem Konzertgarten des Neuen Schauspielhauses, Zeichnung um 1906

Linke Seite: Der zerstörte Konzertgarten im Jahr 1944

Unten: Heute beherbergt das Gebäude von Albert Fröhlich kein Theater mehr, nach dem Zweiten Weltkrieg war das Kino Metropol Mieter, seit 1978 ist es eine Diskothek

VOLKSBÜHNE

VOLKSBÜHNE
Generalintendant Eugen Klöpfer
THEATER AM HORST-WESSEL-PLATZ

Am 6. November 1941, 18½ Uhr:

Isabella von Spanien

Schauspiel in 3 Akten (7 Bildern)
von Hermann Heinz Ortner

Spielleitung: Hermann Heinz Ortner
Bühnenbilder: Frank Schultes

Für viele ist es heute kaum mehr vorstellbar, wie sehr das Berliner Theater in den zwanziger Jahren die Gemüter erregen konnte. Zeitgenössische, von begabten jungen Autoren geschriebene Dramen und außergewöhnliche Inszenierungen von großartigen Regisseuren machten das Theater nicht nur zum Ort künstlerischer, sondern auch politischer Diskussion in der turbulenten Zeit zwischen den zwei Weltkriegen.

Die Volksbühnenbewegung gründete sich im Jahr 1890 und war von Beginn an ein großer Erfolg. Über zweitausend Berliner traten dem Verein damals spontan bei, von denen fünfundneunzig Prozent aus der Arbeiterschicht stammten. Mit einem einheitlichen Eintrittspreis von fünfzig Pfennigen für Mitglieder bot der Verein eine Alternative zu den vielen Theatern und Opernhäusern, deren Besuch für die Arbeiter kaum erschwinglich war. Ein ganz neues Publikum strömte nun ins Theater, in dem die Initiatoren eine bedeutende Bildungsinstitution sahen.

Die Vorstellungen des Volksbühnenvereins fanden zunächst in verschiedenen Theaterhäusern statt, wofür auch Inszenierungen gemietet wurden. Als die Mitgliederzahl fast siebzigtausend betrug, beschloß der Verein 1913 den Bau eines eigenen Hauses am Bülowplatz (heute Rosa-Luxemburg-Platz) nach einem Entwurf von Oskar Kaufmann. Die Einweihung des mächtigen Baus fand im Dezember 1914 statt.

Der Erste Weltkrieg hatte einige Monate zuvor begonnen. Sinkende Mitgliederzahlen und finanzielle Einbußen brachten die Leitung auf die Idee, die Intendanz dem Regisseur Max Reinhardt anzubieten. Er konnte seine berühmten Inszenierungen aus dem Deutschen Theater und den Kammerspielen nun in einem modernen Haus zeigen, und zugleich gelangte das neue Publikum in den Genuß besten bürgerlichen Theaters. Bis 1918 blieb Reinhardt an der Volksbühne.

Das Repertoire der Volksbühne bestand lange Zeit hauptsächlich aus klassischen Stücken sowie Dramen von Ibsen und Gerhart Hauptmann.

Oben links: Das Programm der Volksbühne vom 6. November 1941. Bei dem Schauspiel in drei Akten »Isabella von Spanien« führte sein Autor Hermann Heinz Ortner Regie

Oben rechts: Heinrich George (rechts) und Erwin Kaiser in Erwin Piscators letzter Inszenierung für die Volksbühne: »Gewitter über Gottland« von Ehm Welk, 1927

Unten: Die Volksbühne am Bülowplatz, gebaut im Jahr 1913 nach einem Entwurf des Architekten Oskar Kaufmann. In Auftrag gegeben hatte den Bau der Volksbühnenverein, gegründet im Jahr 1890

Das änderte sich nach 1918. Man erkannte, daß ein Theater wie die Volksbühne die politischen und sozialen Widersprüche in der Weimarer Republik nicht ausklammern konnte. Man richtete Sonderveranstaltungen für aktuelle Stücke ein und engagierte 1924 den jungen Regisseur Erwin Piscator. Als erstes brachte er »Fahnen« von Alfons Paquet in Form einer szenischen Reportage auf die Bühne, ein Stück über den Streik der Chicagoer Arbeiter im Jahr 1886. Damit erprobte Piscator eine neue Form des epischen Theaters, die den politischen Charakter und die parteinehmende Absicht von Autor und Regisseur deutlich machten. Es folgte Alfons Paquets »Sturmflut«, angesiedelt in der Zeit der russischen Revolution. Um die Beziehung zur politischen und sozialen Gegenwart herauszuarbeiten, bediente sich Piscator moderner technischer Mittel wie der Projektion von dokumentarischem Filmmaterial und eröffnete der Theaterkunst damit ganz neue Dimensionen.

Piscators politisch engagiertes Theater gab Anlaß zu Diskussionen sowohl in der linken Presse als auch bei der bürgerlichen Theaterkritik. Innerhalb der Volksbühne kam es zu heftigen Auseinandersetzungen. Der Vorstand vertrat die Ansicht, daß solche Inszenierungen dem »Charakter der Volksbühne als überparteilicher Kulturinstitution« schaden würden. Als er deshalb versuchte, auf die künstlerische Arbeit Piscators Einfluß zu nehmen, kam es anläßlich der Vorbereitungen zu »Gewitter über Gottland« von Ehm Welk zum Eklat. Piscator verließ die Volksbühne und eröffnete sein Theater am Nollendorfplatz.

Zu Beginn der dreißiger Jahre wurde die Volksbühne von der Berliner Stadtverwaltung in den Bankrott gedrängt und nach der Machtergreifung durch die Nationalsozialisten unter der Ägide des Ministeriums für Volksaufklärung und Propaganda von Joseph Goebbels weitergeführt.

Nach dem Zweiten Weltkrieg, unter der sowjetischen Verwaltung, ging es mit der Volksbühne wieder bergauf. Gleich nach Kriegsende förderten die Sowjets den Neubeginn des Kulturlebens in Berlin, wenn auch nach den Maßstäben des sozialistischen Realismus. Schon 1945/46 fanden in den noch halbwegs erhaltenen Gebäuden der Stadt wieder Theateraufführungen statt. Auch das Volksbühnentheater entstand in der DDR neu, und 1952/53 wurde das bei einem Luftangriff am 20. November 1943 schwer beschädigte Gebäude wiederhergestellt. Den Volksbühnen-Verein gab es künftig allerdings nur noch in West-Berlin.

Heute sorgt das Volksbühnenensemble am Rosa-Luxemburg-Platz unter der Leitung von Frank Castorf mit seinen provozierenden Inszenierungen wieder für Schlagzeilen auf den Kulturseiten der Tagespresse und für Auseinandersetzungen über zeitgenössisches Theater.

Die Volksbühne nach dem Krieg.
Bei den Rekonstruktionsarbeiten zwischen 1952 und 1954 wurde die Sitzplatzkapazität von ehemals zweitausend auf achthundertfünfzig verringert

Die Volksbühne am Rosa-Luxemburg-Platz heute. Das Dach wurde nach dem Krieg nicht in der alten Form wiederaufgebaut

ADMIRALSPALAST

Im Jahr 1911 wurde unmittelbar nördlich vom Bahnhof Friedrichstraße in dem umgebauten ehemaligen Admiralsgartenbad ein modernes Unterhaltungsetablissement eröffnet. Neben einem luxuriösen Bad, einer Eislaufarena und einem Restaurant hatte der neue Admiralspalast den Berlinern etwas ganz Außergewöhnliches zu bieten: ein Lichtspieltheater. Zwar wurden in verschiedenen Teilen der Stadt bereits einige wenige enge, schmuddelige Vorführräume betrieben, doch hier konnten die Zuschauer zum ersten Mal die Bequemlichkeit und die Schönheit eines modernen Kinosaals genießen. Mit dem edlen Interieur lockte der Filmtheatersaal auch Zuschauer aus höheren Kreisen an und trug so dazu bei, daß ein Kinobesuch in Berlin allgemein zu einer salonfähigen Angelegenheit wurde.

In nur wenigen Jahren entstanden nun auch in anderen Stadtteilen, insbesondere im neuen Westen um den Kurfürstendamm, weitere extravagant ausgestattete Filmtheater.

Die Eislaufhalle im Admiralspalast mußte 1922 einem weiteren Aufführungssaal weichen, damit der Admiralspalast mit seinen Konkurrenten, dem Renaissancetheater und dem Trianon, gleichziehen und eine gleichermaßen populäre Form der Unterhaltung auf die Bühne bringen konnte: die Varieté-Revue.

In den ›goldenen‹ zwanziger Jahren wurden auf der Bühne des Admiralspalastes jede Nacht glanzvolle Ausstattungsstücke gezeigt, in denen vor allem die Revue-Girls das Publikum anzogen. Nackte Haut war die Attraktion dieser Shows, und so boten die Mädchen eine betörende Reihe aus Beinen und Körpern, geschmückt mit wippenden Federn und schwarzen Zylindern. Wie bei den Tiller Girls, den Paris Mannequins und anderen Tanztruppen, wirkten ihre streng choreographierten Nummern wie die Ankündigung des neuen Maschinenzeitalters. Der Kritiker Siegfried Kracauer schrieb seinerzeit: »... jedes Mädchenbein ist ein

Oben links: Vergoldete Logen des Admiralspalasts nach dem Umbau durch Kaufmann & Wolffenstein im Jahr 1930

Oben rechts: Die Garderobenhalle im Art-Deco-Stil nach der Renovierung im Jahr 1930

Rechte Seite: Der Admiralspalast in der Friedrichstraße (rechts im Bild), nahe dem Bahnhof Friedrichstraße, um 1928

ADMIRALSPALAST
ADMIRALS
KINO
ADMIRALS BAD
Mary
Hotel

Rechte Seite: Die populäre »Haller-Revue« im Admiralspalast. Das Foto aus dem Jahr 1926 zeigt die Revuegirls, die im Stil der Quadriga posieren

Unten: Ansicht der Friedrichstraße rechts und links des Admiralspalasts mit zerstörten Militärfahrzeugen, wenige Tage vor dem Ende des Zweiten Weltkriegs

Zweiunddreißigstel einer wunderbar präzisen Maschine. Ein Knopf wird gedrückt und der Girl-Apparat in Bewegung gesetzt, er beginnt seine beeindruckende Aufführung mit der Kraft von zweiunddreißig Pferdestärken«. Der Arbeitspsychologe Fritz Giese prägte schließlich den Begriff ›Girlkultur‹, um dieses Phänomen der straff geregelten Verführungskunst zu beschreiben.

Die Popularität der Revuetheater widerspiegelte den wachsenden Wohlstand in Berlin Mitte der zwanziger Jahre. Die Hauptstadt der Weimarer Republik hatte damals sechzehntausend Bars, Cafés und Tanzsäle zu bieten. Das änderte sich jedoch schon am Ende des Jahrzehnts nach dem Beginn der Weltwirtschaftskrise, als Arbeitslosigkeit und Unruhen die Stadt beherrschten. Der Glanz und die Verheißungen der kunstvoll inszenierten Varietéshows waren passé, außerdem zog es das Publikum immer mehr in die Kinos, wo die Unterhaltungsfilme Hochkonjunktur hatten.

Als Reaktion darauf wurden im Admiralspalast beschwingte Musicals aufgeführt, um die Sitzreihen zu füllen.

Am 9. April 1941 fiel die erste Bombe auf den Admiralspalast, doch hielt sich der Schaden einigermaßen in Grenzen, und nach einer kurzen Pause konnten die Aufführungen fortgesetzt werden. Drei Jahre später jedoch stellte der Admiralspalast seinen Spielbetrieb ein. Nachdem Joseph Goebbels im Berliner Sportpalast den ›totalen Krieg‹ ausgerufen hatte, mußten die meisten Theater und Unterhaltungseinrichtungen schließen, lediglich die Kinos blieben weiter geöffnet.

Die Katastrophe brach am 3. Februar 1945 über den Admiralspalast herein, als das leerstehende Gebäude von drei Brandbomben getroffen wurde. Nach dem Angriff war der goldene Saal von Kaufmann & Wolffenstein vollständig ausgebrannt. Ein Teil des Gebäudekomplexes überstand jedoch relativ unbeschadet den Krieg und gehörte nach 1945 zu einem der wenigen Gebäude im Stadtzentrum, die noch über einen einigermaßen intakten Saal verfügten. Mit etwa zwei Millionen Reichsmark wurde der Admiralspalast wieder soweit hergerichtet, daß größere Veranstaltungen stattfinden konnten.

Hier trat der Berliner Magistrat zusammen, und hier fand am 21. April 1946 die große Propagandaveranstaltung zur Vereinigung von KPD und SPD statt. Zu dieser ›Zwangsheirat‹ strömten an diesem Tag über tausend Delegierte beider Parteien unter den Klängen aus Beethovens »Fidelio« in den Admiralspalast. Um zehn Uhr schritt Wilhelm Pieck, der Parteivorsitzende der KPD, über die Bühne, um seinem Amtskollegen Otto Grotewohl von der SPD die Hand zu reichen. Mit diesem Akt wurde der Zusammenschluß zur Sozialistischen Einheitspartei Deutschlands (SED) besiegelt.

Das Ensemble der Staatsoper, dessen Haus Unter den Linden – die von Knobelsdorff im achtzehnten Jahrhundert errichtete Lindenoper – im Zweiten Weltkrieg völlig zerstört worden war, zog im Herbst 1945 in den Admiralspalast ein. Dort brachte es unter der Leitung von Ernst Legal bis Mitte der fünfziger Jahre neunundfünfzig Inszenierungen mit insgesamt eintausendundeinhundert Vorstellungen auf die Bühne. Als das Opernensemble im März 1955 in sein wiederaufgebautes Haus zurückkehrte, zogen die Künstler des Metropoltheaters in den ehemaligen Admiralspalast ein. Das Operettentheater war selbst ausgebombt worden und hatte in den Jahren nach dem Krieg an der Schönhauser Allee sein Domizil.

In das direkt an die Friedrichstraße grenzende Gebäude zog der Presseclub der DDR ein und im Jahr 1953 das Kabarett ›Die Distel‹.
Es war lange Zeit einer der wenigen Orte in der DDR, an denen Kabarettisten auf der Bühne mit Mitteln der Satire auch schon einmal die Politik der SED-Parteiführung kritisieren konnten, ohne Repressalien fürchten zu müssen. Der damalige Distel-Chef, Otto Stark, betonte allerdings, daß sich sein Kabarett zwar manchmal über die Engstirnigkeit des Staates lustig gemacht habe, doch habe er nie zugelassen, daß es zu einem Ventil für ›kleinbürgerliche Nörgelei‹ oder ›Besserwisserei‹ verkam.

Heute erlebt der Admiralspalast das Wiederaufleben der lange Zeit ›schlafenden‹ Friedrichstraße und beherbergt noch immer das Kabarett. Über die Finanzierung und damit über die Zukunft des privatisierten Metropoltheaters wird Anfang 2000 noch diskutiert.

Rechte Seite: Der Admiralspalast beherbergt heute das Kabarett ›Die Distel‹ und das privatisierte Metropoltheater

KABARETT
THEATER
ADMIRALS PALAST
METROPOL-THEATER
KASSE Tel: 204 47 04
U
Friedrichstraße

KROLL-OPER

Umgeben von großen Eichen, stand die Kroll-Oper einst gegenüber vom Reichstagsgebäude. Das Krollsche Etablissement, so die ursprüngliche Bezeichnung, war 1844 von Joseph Kroll eröffnet worden. Der Unternehmer aus Breslau hatte vom König die Genehmigung zur Einrichtung eines Wintergartens auf dem ehemaligen Exerzierplatz nahe dem Brandenburger Tor erhalten und ließ von Ludwig Persius ein Vergnügungslokal errichten. Nach einem Brand im Februar 1851 wurde das Gebäude umgebaut und erhielt ein Bühnenhaus. Im Lauf der Jahre wuchs Krolls ausgedehnter Vergnügungsgarten mit seinen Tanzdielen immer weiter, bis er schließlich siebenundzwanzig Säle umfaßte, in denen immerhin fünftausend Gäste Platz fanden.

Vier Jahre nach der Eröffnung begann man bei Kroll mit der Aufführung von Opern und fünfzig Jahre darauf, 1898, wurde ein neues, großes Operntheater eingeweiht. Unter Leitung von Jacob Karl Engel fand hier zum Beispiel die erste Berliner Aufführung von Richard Wagners »Tannhäuser« statt. Zunächst unterstand das Operntheater dem Gremium des Volksbühnenvereins, doch als die Kroll-Oper in finanzielle Schwierigkeiten geriet, wurde sie der preußischen Staatsregierung übereignet.

1926 übernahm Otto Klemperer die musikalische Leitung der Kroll-Oper. Unter ihm wurde sie mit Werken von Paul Hindemith, Igor Strawinsky und Arnold Schönberg zu einem der bekanntesten Aufführungsorte zeitgenössischer Musik. Auch konventionelle Opern wie »Madame Butterfly« oder »Carmen« erfuhren unter Klemperer eine moderne Bearbeitung. Mit seinen Kollegen, zu denen der Bühnenbildner Ewald Duelberg und der Dramaturg Hans Curjel gehörten, gelangen ihm radikal neue Inszenierungen und bislang ungehörte musikalische Interpretationen bekannter Werke. Klemperers eigenwillige Inszenierung von Richard Wagners »Fliegendem Holländer« verurteilte Wagners Sohn Siegfried empört als »Kulturbolschewismus«.

Linke Seite: Otto Klemperer (rechts) neben Igor Strawinsky, 1928. Als musikalischer Leiter an der Kroll-Oper war Klemperer für seine avantgardistischen Inszenierungen berühmt

Oben rechts: Die Kroll-Oper am Königsplatz im Tiergarten, um 1920

Rechts: Nachdem das Gebäude während der erbitterten Kämpfe um Berlin schwere Schäden davongetragen hatte, wurde die Kroll-Oper schließlich 1951 abgerissen. Die Aufnahme zeigt das Gartenrestaurant der Kroll-Oper, 1946 noch in Betrieb

Mit dem Erstarken reaktionärer Kräfte gegen Ende der Weimarer Republik bekam Klemperer wegen seines avantgardistischen Opernstils zunehmend Schwierigkeiten. Kritik kam nun auch von seiten der preußischen Landesregierung. Die öffentlichen Gelder für die Finanzierung der Kroll-Oper wurden 1930 angesichts immer größer werdender Haushaltslöcher gekürzt. Neuinszenierungen waren kaum noch möglich. Im Mai 1931 konnte zwar noch die Uraufführung der Oper »Aus einem Totenhaus« von Leoš Janáček stattfinden, doch ohne die jährlichen Subventionen von 1,8 Millionen Mark war das traditionsreiche Operntheater kurz darauf gezwungen, seinen Betrieb aufzugeben.

Nachdem Hitler an die Macht gekommen war, mußte Klemperer Deutschland verlassen.

Nach dem Reichstagsbrand im Februar 1933 diente die Kroll-Oper den Parlamentariern als Sitzungsort. In dem Maße, in dem Adolf Hitler an Macht und Einfluß gewann, wurden die Sitzungen jedoch immer mehr zur Farce. Brutaler Terror von seiten der Nationalsozialisten verhinderte jede parlamentarische Arbeit und führte im März zur Verabschiedung des Ermächtigungsgesetzes, mit dem den Nationalsozialisten freie Hand zur Unterdrückung aller innenpolitischen Gegner gegeben wurde. Insgesamt trat der Reichstag in der Kroll-Oper lediglich achtzehnmal zusammen.

Während der letzten Verteidigungskämpfe um Berlin im Jahr 1945 wurde die Kroll-Oper zum Artilleriestützpunkt umfunktioniert und schwer beschädigt.

Nach dem Krieg diente ein Teil des Gebäudes als Restaurant, doch am 27. März 1951 fiel auch dieser dem Abriß zum Opfer. Heute weist nichts mehr auf die einstige Existenz der Kroll-Oper an diesem Ort hin. So präsentiert sich das Areal mehr als hundertfünfzig Jahre nach Errichtung des ›Kroll-Etablissements‹ wieder in seinem ursprünglichen Zustand – als baumbestandene Wiese.

Die Kroll-Oper wurde 1951 vollständig abgerissen. Auf dem Gelände erstreckt sich heute eine Wiese mit Bäumen und steinernen Skulpturen

RATHAUSBRÜCKE

Die erste Brücke an dieser Stelle wurde bereits im Jahr 1300 über die Spree gebaut. Das aus Stämmen aus den nahegelegenen Wäldern errichtete einfache Bauwerk wurde als ›Lange Brücke‹ bezeichnet und verband die Ansiedlung Berlin am Ostufer des Flusses mit der Stadt Cölln am Westufer. Einige Jahre darauf errichtete man mitten auf der Brücke ein Rathaus aus Holz, in dem sich die Vertreter der Schwesterstädte Berlin und Cölln auf neutralem Terrain trafen, um gemeinsame Angelegenheiten zu regeln.

Mit der wachsenden Bedeutung Berlins wurde die Lange Brücke Teil der offiziellen Route, auf der höhere Gäste zum königlichen Schloß geleitet wurden.

Die älteste Fotografie der Bildreihe zeigt das Schloß hinter der Brücke so, wie es zwischen den beiden Weltkriegen zu sehen war. Unmittelbar hinter dem mittleren Brückenbogen lag der Schloßgarten, an dessen Ende ein Eckturm stand. Dieser als ›grüner Hut‹ bezeichnete Turm gehörte zu den ältesten Teilen des Stadtschlosses und war einmal Wachturm der mittelalterlichen Stadtmauer gewesen. Rechts im Hintergrund sieht man die große neobarocke Kuppel des protestantischen Doms.

Die ursprüngliche, 1300 erbaute Holzbrücke erhielt in den folgenden vier Jahrhunderten verschiedene Nachfolgerinnen, bis schließlich 1695 eine dauerhaftere Steinbrücke an ihre Stelle gesetzt wurde, die sogenannte Kurfürstenbrücke. Der von dem berühmten Pont Neuf in Paris inspirierte Entwurf mit fünf Bogen war so beispielgebend, daß er die königlichen Brückenbauer noch die nächsten hundert Jahre beeinflussen sollte. Im Sommer des Jahres 1703 erhielt die Brücke in der Mitte einen Anbau für das Standbild des Großen Kurfürsten. Das Denkmal erinnerte die Berliner nicht nur an den Sieg des brandenburgischen Kurfürsten Friedrich Wilhelm über die Schweden, sondern auch an seine für die Stadt so segensreiche Regierungszeit. Nach dem Dreißigjährigen Krieg hatte er der Stadt

Ansicht der Kurfürstenbrücke aus der Zeit vor dem Zweiten Weltkrieg. In der Mitte steht das von Andreas Schlüter geschaffene Standbild des Großen Kurfürsten. Unmittelbar dahinter ist der älteste Teil des Stadtschlosses zu sehen, März 1939

Die beschädigte Brücke im Jahr 1946. Das Standbild von Schlüter war mittlerweile auf einem Lastkahn in den Hafen der Borsigwerke verfrachtet worden

Die heutige ›Rathausbrücke‹ vor dem Palast der Republik, im Hintergrund die modernisierte Kuppel des Berliner Doms

Linke Seite: Das Reiterstandbild des Großen Kurfürsten. Es erinnert an den Sieg des Hohenzollern über die Schweden. Die Aufnahme entstand vor 1896

zu wirtschaftlichem Aufschwung verholfen. Das Denkmal schuf Andreas Schlüter, der auch wesentlich am Umbau des königlichen Schlosses beteiligt war.

Der Zweite Weltkrieg hinterließ schwere Schäden an der Kurfürstenbrücke. Als die Rote Armee immer näher auf die Stadt vorrückte, wurde beschlossen, das Denkmal des Großen Kurfürsten von seinem exponierten Platz auf der Brücke zu entfernen und an einen sicheren Ort zu bringen. Man hievte Schlüters Meisterwerk an Bord eines Prahms, der die Spree hinab bis zu den Hafenanlagen von Borsig fuhr und dort anlegte. An dieser Stelle blieb der Große Kurfürst bis 1947 vor Anker, bis der Kahn schließlich unter der schweren Last zusammenbrach und sank. Zwei Jahre lag das Bronzestandbild im trüben, dunklen Wasser des Flusses, ehe es geborgen und vor dem Schloß Charlottenburg aufgestellt werden konnte. Dort steht es noch immer.

Die Kurfürstenbrücke erlitt während der letzten Verteidigungsschlachten um Berlin durch Sprengungen erhebliche Schäden an der westlichen Seite. Nach dem Krieg wurde sie zunächst mit ein paar Stahlträgern notdürftig repariert und mit Holzplanken bedeckt.

Heute wird das alte Bauwerk durch eine unauffällige, rein funktionale Brücke ersetzt, an deren Unterseite Gasleitungen entlangführen. In Verlängerung der Rathausstraße heißt sie Rathausbrücke und erinnert so vielleicht auch an die Zeit, als hier vor einigen hundert Jahren ein Rathaus über dem Wasser stand.

OBERBAUMBRÜCKE

Die hundertfünfzig Meter lange Oberbaumbrücke überquert die Spree an ihrer breitesten Stelle in Berlins Mitte. Ihr Name erinnert an weit zurückliegende Zeiten, da dieser Teil des Flusses durch ein schwimmendes Zolltor aus grob behauenen Holzbohlen abgesperrt war.

Der Entwurf für die 1896 fertiggestellte Brücke stammt von Otto Stahn. Die obere Etage war der neuen ›Elektrischen‹ vorbehalten, die untere Ebene den Fahrzeugen und Fußgängern. Die Backsteingotik der Außenfassade verbarg den dahinterliegenden modernen Stahlbetonbau. Als nach 1900 die erste Hochbahnstrecke Berlins, die U-Bahnlinie 1, gebaut wurde, führte sie wie auch heute wieder über die Oberbaumbrücke bis zur Warschauer Brücke.

Auf der frühen Aufnahme der Fotoreihe ist verschwommen hinter den mittelalterlich anmutenden Zwillingstürmen der Brücke die im Jahr 1892 errichtete Glühlampenfabrik zu erkennen. Hunderte von Arbeitern überquerten damals die Oberbaumbrücke auf dem Weg von ihren Wohnungen in Kreuzberg zur Arbeit auf der anderen Seite des Flusses, wo sie Teile für Gaslampen herstellten. Nördlich der Oberbaumbrücke hieß die Gegend dann auch bald ›Lampenstadt‹. Nach 1909 expandierte die Fabrik mit ihrer Glühlampenproduktion unter der Firma Osram.

Später war der Blick auf die Glühlampenfabrik von einem riesigen Kühlhaus verstellt, wie sie zu Beginn des zwanzigsten Jahrhunderts an mehreren Stellen des Nordufers der Spree errichtet wurden. Als im April 1945 die Rote Armee die Stadtgrenze erreicht hatte, wurde das Lebensmittellager im Kühlhaus für die Bevölkerung geöffnet. Trotz Granatfeuer und Bombenangriffen überquerten damals die Berliner die Oberbaumbrücke, um mit Speck und Eiern beladen wieder von dort zurückzukehren.

Die Schlacht um Berlin überstand die Oberbaumbrücke weitgehend intakt, lediglich der mittlere Brückenbogen war zerstört. Die Schäden wurden bald repariert, und so überquerten sehr rasch wieder Pendler die

Die 1896 eingeweihte Oberbaumbrücke nach der Eröffnung der ersten Berliner U-Bahnlinie im Jahr 1902. Sie wurde auf längeren Strecken als Hochbahn geführt

Brücke: von Ost nach West und von West nach Ost – denn inzwischen bildete die Spree hier die Grenze zwischen den beiden Hälften des geteilten Berlin. Diese Möglichkeit für die Arbeiter, sich frei hin- und herzubewegen nahm mit dem Bau der Mauer am 13. August 1961 ein jähes Ende. Die Oberbaumbrücke wurde gesperrt. Erst nach dem Inkrafttreten des Passierscheinabkommens 1963 konnten West-Berliner mit einem entsprechenden Passierschein hier zu Fuß den Übergang nach Ost-Berlin benutzen. Die Brücke war zur Grenzanlage geworden.

Nach dem Fall der Mauer begann man mit der Rekonstruktion der alten Brücke; sie ist inzwischen abgeschlossen. Die beschädigten Türme wurden zwischen 1992 und 1995 wiederaufgebaut, die schadhafte Klinkerverkleidung restauriert und die Schienenverbindungen wiederhergestellt. Die Gesamtkosten betrugen siebzig Millionen Mark. Ein originalgetreuer Wiederaufbau der 1896 von Stahn errichteten Brücke war allerdings nicht möglich. Der mittlere Bogen ist gegenüber dem alten Entwurf etwas erhöht, um den modernen, größeren Schiffen die Durchfahrt zu ermöglichen. Auch die Verkehrstraße auf der unteren Ebene wurde technisch verbessert, da geplant ist, die Brücke in die künftige Umgehungsstraße zu integrieren, die den Innenstadtbereich entlasten soll.

Die Glühlampenfabrik, die zu DDR-Zeiten NARVA hieß, ist inzwischen geschlossen. Fünftausend Menschen verloren dadurch ihren Arbeitsplatz. Die alte Lampenstadt erlebt seither jedoch eine Periode der Wiederbelebung. Insgesamt werden hier 1,3 Milliarden Mark investiert, um in dem Gebiet die sogenannte Oberbaum-City mit Wohnungen und High-tech-Industrie zu errichten. Es ist der Anfang eines langfristigen Projekts, in dessen Rahmen auch die Hafengelände flußaufwärts bis zur Halbinsel Stralau umgestaltet werden sollen.

Die Oberbaumbrücke im Jahr 1961. 1963 wurde hier ein Grenzübergang für West-Berliner Fußgänger eingerichtet

Linke Seite oben: Ein sowjetischer Infanterist während des Angriffs der Roten Armee auf der Brücke, Ende April 1945

Oben rechts: Ansicht der Oberbaumbrücke unmittelbar nach der Einnahme durch die sowjetischen Truppen. Im Hintergrund ein kurz vor der Eroberung ausgeräumtes Lebensmittel-Kühlhaus

Unten rechts: Die nach der Wende wiederaufgebaute Brücke; der mittlere Bogen ist im Vergleich zu früher erhöht

ANHALTER BAHNHOF

Links: *Ein Speisewagen wird mit Körben voller Lebensmittel beladen, 1930*

Am 15. Juni 1880 begab sich Otto von Bismarck zum Askanischen Platz, um der feierlichen Eröffnung des Berlin-Anhaltischen Eisenbahnhofs beizuwohnen, dem neuesten und damals prächtigsten Berliner Bahnhof. Der Reichskanzler mag wohl von der gigantischen, vierunddreißig Meter hohen Bahnhofshalle und dem fein ausgearbeiteten Mauerwerk aus Terrakottaziegeln beeindruckt gewesen sein, doch für das Zeitalter der Dampfloks konnte er sich nicht begeistern. Er meinte, daß die Eisenbahnen nur dem Verkehr im Wege seien.

Bismarcks Ansichten über das Reisen mit der Eisenbahn waren jedoch völlig fehl am Platze: Der neue Kopfbahnhof, an dessen Einweihung er teilnahm, stellte eine wichtige Verkehrsverbindung für die sich rasch ausdehnende Reichshauptstadt dar. Der Anhalter Bahnhof war vom Regierungszentrum des Kaiserreichs an der Wilhelmstraße in nur wenigen Minuten per Kutsche zu erreichen, lag ebenso günstig zum Diplomatenviertel im Tiergarten und zu den einige Straßen weiter im Norden gelegenen Banken an der Behrenstraße.

Franz Schwechtens monumentaler Bahnhof ersetzte einen kleineren Vorgängerbau, der 1841 in Betrieb genommen worden war. Damals war von hier aus erstmals eine von August Borsig gebaute Lokomotive in das sechzig Kilometer südlich von Berlin gelegene Jüterbog gerollt. Im Jahr 1880 war das Schienennetz schließlich soweit ausgebaut, daß die vom Anhalter Bahnhof abfahrenden Züge ihre Fahrgäste bis nach Dresden transportieren konnten. Dort hatte man Anschluß nach Prag, Wien, Rom und Athen.

Im Laufe der nächsten zweiundsiebzig Jahre brachten die an den sechs Bahnsteigen ankommenden Züge eine ganze Reihe bedeutender Persönlichkeiten in die Stadt: Könige, Künstler, Wissenschaftler, Schauspieler, Revolutionäre. Am 21. Mai 1889 entstieg Italiens König

Rechts: Kofferaufkleber aus den zwanziger Jahren mit der Abbildung des Hotel Hollstein, direkt neben dem Bahnhof gelegen. Zugreisende fanden in der Umgebung immer eine Unterkunft, da hier zahlreiche Hotels standen

Unten: Der Anhalter Bahnhof an der Südseite des Askanischen Platzes im Jahr 1927. 1880 für 6,9 Millionen Reichsmark errichtet, war er seinerzeit der größte Eisenbahnhof in Europa

Umberto I. einem Luxuszug, den er für vierhunderttausend Mark eigens für diesen Besuch hatte bauen lassen. Die sieben Salonwagen und zwei Pullmanwagen, in denen er über die italienischen und Schweizer Alpen gereist war, hatten die Strecke in beeindruckenden einundvierzig Stunden bewältigt. Kaiser Wilhelm II. erschien zu seiner Begrüßung in schneeweißer Uniform und glänzenden Schaftstiefeln.

Zur Blütezeit des Eisenbahnverkehrs in den zwanziger Jahren fuhr unter dem riesigen Glasgewölbe der Bahnhofshalle alle drei bis fünf Minuten ein Zug ein oder aus. Täglich benutzten etwa vierzigtausend Passagiere die Eisenbahn. Im Jahr 1930 wurden allein am Anhalter Bahnhof sechzehn Millionen Fahrgäste abgefertigt.

Im Umkreis des Bahnhofs konnte der Ankommende unter einem halben Dutzend Luxusherbergen wählen. Man stieg nebenan im Hotel Hollstein in der Königgrätzer Straße 38 (heute Stresemannstraße) ab oder passierte, nach 1928, einen hundert Meter langen Fußgängertunnel, um dann mit dem Fahrstuhl direkt hinauf zur Lobby des gigantischen Excelsior des Hoteliers Kurt Elchner zu fahren.

Wären die Pläne Albert Speers zur Umgestaltung der Reichshauptstadt zur nationalsozialistischen ›Welthauptstadt Germania‹ realisiert worden, so hätte dem Anhalter Bahnhof wie dem nur sechshundert Meter weiter westlich gelegenen Potsdamer Bahnhof der Abriß gedroht. Ab 1950, so sah die Planung Speers vor, sollten die von Süden her in die Stadt kommenden Züge zu einem riesigen neuen Bahnhof nahe dem Flughafen Tempelhof umgeleitet werden. Für das Areal des Anhalter Bahnhofs war eine öffentliche Badeanstalt vorgesehen.

Bei den Luftangriffen in den letzten Monaten des Zweiten Weltkriegs wurde der Anhalter Bahnhof schwer beschädigt, doch konnte schon bald nach 1945 der Zugverkehr wiederaufgenommen werden. Die Tatsache, daß der gesamte Schienenfernverkehr zwischen Berlin und Westdeutschland nun durch die sowjetisch besetzte Zone und ab 1949 durch die DDR abgewickelt werden mußte, wirkte sich für den Zugverkehr von und nach West-Berlin zeitweise sehr negativ aus. 1952 schließlich verlangte die der DDR-Regierung unterstellte Deutsche Reichsbahn, daß ab Mai 1952 alle Personenzüge, die aus dem Süden kamen, stets den Ostbahnhof in Ost-Berlin anzufahren hätten. Damit wurde der Anhalter Bahnhof überflüssig. Acht Jahre später wurde er trotz öffentlicher Proteste gesprengt.

Heute ist von dem alten Bahnhof nur mehr ein Fragment des Portikus übrig. Auch die Allegorien des Tages und der Nacht befinden sich noch auf der Ruine, doch anstelle der alten elektrischen Uhr, die einst zwischen den beiden Figuren tickte, sieht man heute nur noch ein Loch.

Linke Seite: Innenansicht des Bahnhofs im Jahr 1947. Er blieb noch bis 1952 in Betrieb

Oben rechts: Der stark beschädigte Bahnhof zwei Monate nach der Eroberung durch die Rote Armee, Juli 1945

Rechts: Das erhaltene Portalfragment des Anhalter Bahnhofs; auf dem dahinterliegenden Gelände wird das Musik- und Theaterzentrum ›Tempodrom‹ entstehen

POTSDAMER BAHNHOF

Der erste fahrplanmäßige Beförderungsdienst für Personen wurde in diesem Teil Berlins bereits nahezu hundertfünfzig Jahre vor dem Zeitalter der Dampfloks eingeführt. Im Jahr 1690 verkehrten Postkutschen nach Leipzig entlang einer Route, die über den heutigen Potsdamer Platz führte. Dort, am südöstlichen Ende der alten Zollmauer der Stadt, weideten damals ansonsten lediglich ein paar Schafe. Der Postkutschendienst wurde im Laufe der Jahre ausgeweitet. Nur im Frühjahr, wenn die alljährlichen Überschwemmungen die Flüsse in der Umgebung unpassierbar machten, mußte er unterbrochen werden.

Mit der Einführung der Dampflok in den dreißiger Jahren des neunzehnten Jahrhunderts wurde das Reisen mit der Pferdekutsche über lange Strecken bald entbehrlich. Das militärische und wirtschaftliche Potential dieser neuen Erfindung erkennend, gründeten Berliner Geschäftsleute die Berlin-Potsdamer Eisenbahngesellschaft. 1838 konnte die erste Eisenbahnlinie Berlins eingeweiht werden, die sich vom Potsdamer Platz sechsundzwanzig Kilometer südlich bis nach Potsdam erstreckte. Zehn Jahre danach wurde die Strecke bis nach Magdeburg erweitert, wo die aus Berlin kommenden Reisenden Anschluß an das sich rasch ausdehnende europäische Eisenbahnnetz hatten.

Die meisten Menschen nahmen diese neue Art der Beförderung mit Begeisterung auf. Nur wenige Jahrzehnte dauerte es, bis die Eisenbahn in nahezu jeden Winkel des Königreichs Preußen vorgedrungen war. Das Reisen mit der Eisenbahn wurde zu einer relativ preisgünstigen Möglichkeit, große Distanzen bequem und sicher zu überwinden. Um die wachsende Zahl von Fahrgästen abfertigen zu können, wurde 1872 ein neuer Bahnhof an der Südseite des Potsdamer Platzes errichtet und dem Verkehr übergeben.

Immer mehr Menschen passierten im Laufe der nächsten fünfzig Jahre den Potsdamer Bahnhof. Durch die zahlreichen Besucher, die aus aller

Linke Seite: Innenansicht des belebten Bahnhofs, 1932

Unten: Der Potsdamer Bahnhof am Südrand des Potsdamer Platzes. Im Vordergrund links der alte Kirchhof der Dreifaltigkeitsgemeinde. Nachdem 1910 die Pacht für das letzte Grab abgelaufen war, wurde der Friedhof eingeebnet

Welt nach Berlin kamen, veränderte sich auch das Leben in der Umgebung des Bahnhofs. Ein neues Viertel mit Luxushotels, Kunstgalerien und Restaurants entstand.

Bald nach seiner ›Machtergreifung‹ im Jahr 1933 ließ Adolf Hitler erkennen, daß Berlin seinen Vorstellungen von der Hauptstadt einer neuen Weltordung nicht entsprach. Er beauftragte seinen Architekten Albert Speer mit dem Entwurf der gigantischen Welthauptstadt ›Germania‹, die wenige Jahre später in Form eines Modells vorgestellt wurde. In der vollständig umstrukturierten Stadt sollte der Potsdamer Bahnhof aufgegeben werden und der Schienenverkehr in zwei riesigen Bahnhöfen enden, einer im Norden und einer im Süden der Stadt. Nach Beginn des Krieges mußten diese Pläne jedoch erst einmal aufgeschoben werden.

In der letzten Phase des Krieges konnte der für seine Pünktlichkeit so gerühmte Zugverkehr der Deutschen Reichsbahn nur noch unregelmäßig aufrechterhalten werden. Der Personenverkehr kam häufig zum Erliegen, da Militärtransporte Vorrang hatten; Bombenabwürfe gefährdeten die Eisenbahnstrecken. Ab dem 8. Januar 1945 fuhren die Züge vom Potsdamer Bahnhof aus nur noch nachts, um den Luftangriffen zu entgehen. Bald waren auch Nachtfahrten nicht mehr möglich. Am 23. Januar verließ der letzte Personenzug den stark zerstörten Bahnhof.

Entsprechend den zwischen den Alliierten geschlossenen Verträgen unterlagen die Berlin versorgenden Schienennetze, einschließlich der S-Bahn, der Verwaltung der Deutschen Reichsbahn (DR) in der DDR. Das bedeutete, daß nicht nur die Schienen des Potsdamer Bahnhofs, sondern all die Trassen, die zu Bahnhöfen im britischen, französischen und amerikanischen Sektor führten, von der DDR kontrolliert wurden.

Im Jahr 1946 hatte die Reichsbahn einige vom ausgebrannten Potsdamer Bahnhof ausgehende Strecken freigegeben und damit einen begrenzten überregionalen Bahnverkehr ermöglicht. Doch Anfang der fünfziger Jahre sperrte die DDR die Schienenwege erneut, um, wie es in der Begründung hieß, eine Einmischung der Amerikaner in den Interzonenverkehr zu verhindern. Die Züge mußten nun auf anderen Strecken fahren und streng kontrollierte Übergänge passieren. Am Potsdamer Bahnhof kam kein Zug mehr an. Das nutzlos gewordene Gebäude wurde 1957 gesprengt.

Die 1961 erbaute Berliner Mauer verlief über den Platz vor dem ehemaligen Standort des Bahnhofs. Das nach und nach verwilderte Gebiet südlich der Mauer wurde zu einer neutralen Zone. Einige Jahre standen hier die Wohnwagen jener, die im Schatten der Mauer ungestört ihr Außenseiterdasein leben wollten. Ein paar Meter weiter diente der Platz zeitweise auch als Flohmarkt.

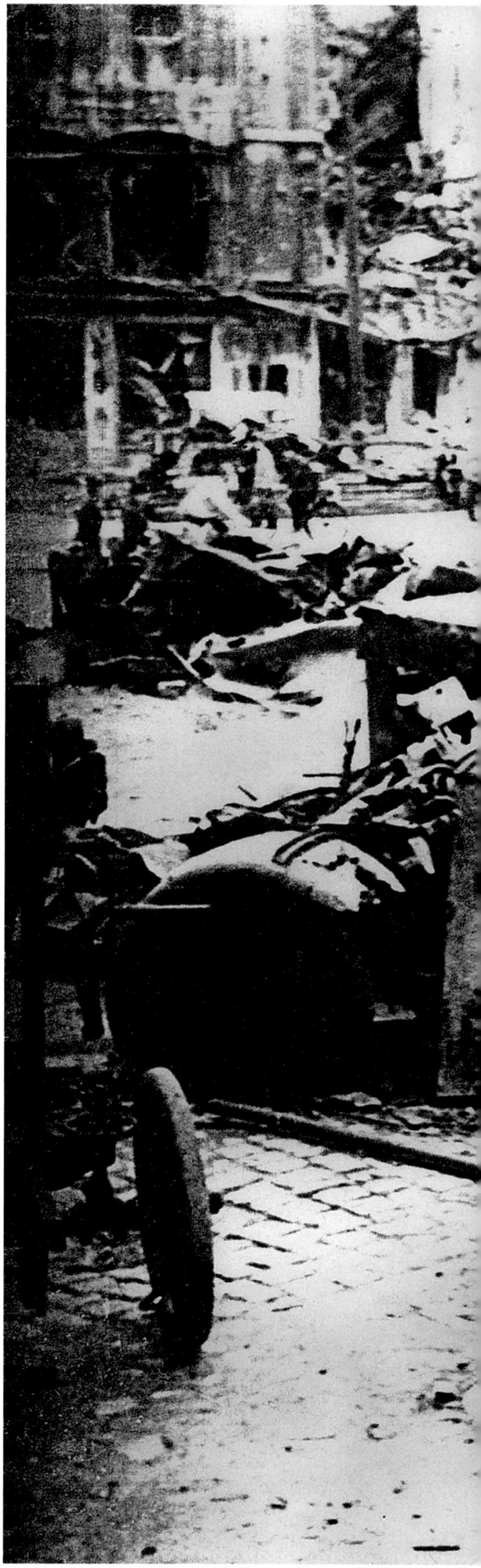

Ein zerstörtes Flakgeschütz vor der Ruine des Bahnhofs, 1945

BERLIN. SW 11

Durch den unerwarteten Fall der Berliner Mauer wurde das Areal nur wenige Jahre später zu einem Filetstück für Immobilienspekulanten. Umweltschützer traten jedoch dafür ein, daß das Areal des ehemaligen Potsdamer Bahnhofs und dessen Umgebung als Grünfläche erhalten bleiben sollten, während Geschäftsleute auf dem Platz ein Konsumparadies und teure Wohnungen errichten wollten.

Um die Wogen zu glätten, lud der Berliner Senat Stadtplaner und Architekten zu einem städtebaulichen Wettbewerb für die Gestaltung des Potsdamer Platzes ein. Den ersten Preis erhielten die Münchner Architekten Heinz Hilmer und Christoph Sattler.

Der Entwurf von Hilmer & Sattler sah eine niedrige Bebauung mit Gewerbe- und Wohngebäuden vor, wodurch der Platz nach all den Jahren der Teilung wieder mit Leben erfüllt werden sollte. Dabei wollten sie den Fehler vermeiden, riesige Einkaufspassagen im amerikanischen Stil zu errichten. An ihrer Planung wurde allerdings nicht in allen Punkten festgehalten.

Ein Aspekt des Entwurfs von Hilmer & Sattler wurde unverändert übernommen, nämlich die Umwandlung des ehemaligen Standorts des Potsdamer Bahnhofs in einen öffentlichen Park. Der neue, 2,5 Hektar große Tilla-Durieux-Park, benannt nach der berühmten Schauspielerin, die in Berlin schon vor dem Ersten Weltkrieg Furore machte, wird sich als ein grünes verbindendes Band zwischen dem Potsdamer Platz und dem südlich gelegenen Landwehrkanal erstrecken. Entworfen haben diesen Park die holländischen Landschaftsarchitekten Maike van Stiphout und Bruno Doedens.

Linke Seite: Ansicht des Potsdamer Bahnhofs ein Jahr vor der endgültigen Sprengung im Jahr 1957. Die Sektorengrenze zwischen Ost-Berlin und dem amerikanischen Sektor verlief direkt vor dem Bahnhofseingang

---

Unten: Die Eingangshalle des neuen Regionalbahnhofs Potsdamer Platz. Links die Gebäude der Park Kolonnaden, rechts das DaimlerChrysler-Areal

LEHRTER BAHNHOF

Anders als etwa Leipzig oder Frankfurt am Main besaß Berlin nie einen Hauptbahnhof im Zentrum der Stadt. Ein Grund dafür war die alte Zollmauer, die Berlin zu Beginn des neunzehnten Jahrhunderts noch an vielen Stellen umgab. Als nach 1830 die ersten Bahnlinien eingerichtet wurden, endeten die aus den verschiedenen Himmelsrichtungen nach Berlin führenden Schienen in den jeweiligen Vororten der Stadt.

Das erste größere Bahnhofsgebäude für Berlin entstand 1847 nördlich des Humboldthafens. Für ihre Strecke Hamburg-Berlin ließ die Berlin-Hamburger Eisenbahngesellschaft hier den Hamburger Bahnhof errichten, in den folgenden fünfundzwanzig Jahren Ausgangs- und Endstation für die Züge in Richtung Norden und Westen. Schon in den sechziger Jahren hatte der Eisenbahnverkehr so zugenommen, daß die Anlage eines neuen, größeren Bahnhofs notwendig wurde. Nur einige hundert Meter weiter südwestlich entstand deshalb der Lehrter Bahnhof.

Der Hamburger Bahnhof wurde im Jahr 1884 für den Personenverkehr geschlossen, und 1906 richtete der preußische Staat hier ein Verkehrs- und Baumuseum ein.

Erst Mitte der achtziger Jahre übernahm West-Berlin das Gebäude von der Deutschen Reichsbahn der DDR und weckte das einstige Museum aus dem Dornröschenschlaf. Heute beherbergt das alte klassizistische Gebäude das Museum für Gegenwartskunst.

Ab 1871 wurden die Züge, die zwischen Berlin und Hannover sowie nach Bremen und Hamburg verkehrten, zum neuen Lehrter Bahnhof umgeleitet. Im neobarocken Stil von den Architekten Alfred Lent, B. Scholz und Gottlieb Henri Richard Lapierre errichtet, sollte der Bau den Glanz und den Triumph der modernen Technik widerspiegeln. Wie der Gare du Nord in Paris und Victoria Station in London war der Lehrter Bahnhof nicht mehr nur eine Abfertigungshalle, sondern eine Stein gewordene, großartige Reverenz gegenüber dem Eisenbahnzeitalter.

Ansicht des Lehrter Fernbahnhofs von Süden, 1903. Rechts dahinter liegt der Lehrter Stadtbahnhof, im Vordergrund die Spree

Mit der Weiterentwicklung der Technik erreichten die vom Lehrter Bahnhof startenden Züge ihr Ziel in immer kürzeren Fahrzeiten. In den zwanziger Jahren erregte der ›Fliegende Hamburger‹ Aufsehen, der die zweihundertundachtzig Kilometer entfernte Hafenstadt in nur zweieinviertel Stunden erreichte. Diese Form des Reisens erwies sich sowohl in Bezug auf die Schnelligkeit als auch auf die Kosten dem Fliegen weit überlegen, und dies sollte noch viele Jahrzehnte lang so bleiben.

In den letzten Wochen des Zweiten Weltkriegs wurde das von Bomben zerstörte Gebäude des Lehrter Bahnhofs zur Durchgangsstation für viele tausend Flüchtlinge, die nach dem Zusammenbruch der Ostfront aus ihren Heimatorten im Baltikum, in Polen und der Tschechoslowakei geflüchtet oder vertrieben worden waren. Hier warteten sie auf Züge, die sie weiter nach Westen bringen sollten. Doch bald schon fuhr auch vom Lehrter Bahnhof kein Zug mehr ab.

Nach dem Krieg wurde erst im Oktober 1945 die Eisenbahnlinie nach Hannover wieder geöffnet, doch reisen konnten nur die glücklichen Besitzer von gültigen Papieren, die ihnen gestatteten, von einer Besatzungszone in die andere zu wechseln. Und auch sie warteten oft stundenlang auf einen der wenigen Züge.

Die Personenzüge, die vom Lehrter Bahnhof abfuhren, mußten sich die Schienen mit den Güterzügen teilen, mit denen die Reparationsgüter in großem Umfang abtransportiert wurden. Während der ersten Nachkriegsjahre, in denen viele Berliner hungerten, kam es häufig zu Plünderungen der mit Nahrungsmitteln oder Kohlen beladenen Züge.

Nur wenige Jahre nach dem Krieg wurden die lebenswichtigen Versorgungswege nach West-Berlin 1948/49 durch die Blockade der Sowjets erneut unterbrochen.

Das Bahnhofsgebäude hatte die Kriegshandlungen relativ gut überstanden, und sein Wiederaufbau wäre durchaus möglich gewesen. Da es jedoch im britischen Sektor lag, hatte die für den Bahnverkehr zuständige Verwaltung der Deutschen Reichsbahn der DDR kein Interesse daran. Vielmehr war die DDR-Regierung bestrebt, den Zugang nach West-Berlin auf wenige, streng kontrollierte Verbindungswege einzuschränken.

Ansicht des Bahnhofs aus südwestlicher Richtung, 1945

Am 28. August 1951 wurde deshalb der Direktverkehr zwischen West-Berlin und Hamburg eingestellt. Der Lehrter Bahnhof wurde überflüssig und daraufhin sechs Jahre später abgerissen.

Nachdem der Schutt beiseite geräumt worden war, wurde das Gelände mit dem des Rangierbahnhofs als Deponie für Gerätschaften und Baumaterial genutzt. Der benachbarte Lehrter Stadtbahnhof von 1882 war schließlich das einzige, was an diesem Ort noch an die Geschichte der Berliner Eisenbahn erinnerte.

Heute wird an einem neuen Lehrter Bahnhof gebaut, dem zentralen Umsteigebahnhof Berlins. Nach der für das Jahr 2004 geplanten Fertigstellung des größten Bahnhofs in Europa werden hier jährlich bis zu dreißig Millionen Fahrgäste ankommen und abfahren. Regierungsbeamte und Besucher können von hier aus bequem die neuen Bundesbauten im Bereich des Spreebogens erreichen. Leider wird der alte Lehrter Stadtbahnhof diesem neuen Projekt geopfert.

Der Entwurf für die vierhundertdreißig Meter lange Haupthalle setzt die Tradition alter Bahnhofsbauten fort. Ein Netz aus hängenden Glasplatten überdacht die Schienen und Bahnsteige, so daß das Tageslicht ungehindert in die Haupthalle eindringen kann. Sie visualisiert das Ziel des Architekturbüros Gerkan, Marg & Partner: eine ›Renaissance der Bahnhöfe‹.

Linke Seite: Flüchtlinge auf dem Lehrter Bahnhof am Ende des Zweiten Weltkriegs

---

Unten: Blick von Süden über die Spree auf die Baustelle des neuen Lehrter Bahnhofs. Im Hintergrund der alte Lehrter Stadtbahnhof, dessen Funktion der neue Bau in Zukunft mitübernehmen wird

ANHANG

Register

Literaturhinweise

Akademie der Künste Berlin (Hg.) *Krieg – Zerstörung – Aufbau, Architektur und Stadtplanung 1940–1960, Berlin 1995*
Balfour, Alan *Berlin. The Politics of Order, New York 1990*
Balfour, Alan (Hg.) *Berlin, London 1995*
Eckardt, Wolf von/Gilman, Sander L. *Bertolt Brecht's Berlin, University of Nebraska 1993*
Engel, Helmut *Berlin auf dem Weg zur Moderne, Berlin 1997*
Friedrich, Otto *Morgen ist Weltuntergang. Berlin in den zwanziger Jahren, Berlin 1998*
Gartendenkmalamt Berlin (Hg.) *Gartenkunst Berlin. 20 Jahre Gartendenkmalpflege in der Metropole, Berlin 1999*
James, Kathleen *Erich Mendelsohn and the Architecture of German Modernism, Cambridge University Press 1997*
Kaes, Anton u. a. (Hg.) *The Weimar Republic Sourcebook, University of Chicago Press 1995*
Kapitzki, Christel *Neue Bahnhöfe in Berlin, Berlin 1998*
Kuby, Erich *The Russians and Berlin, München 1968*

Ladd, Brian *The Ghosts of Berlin. Confronting German History in the Urban Landscape, University of Chicago Press 1997*
Le Tissier, Tony *Berlin Then and Now, London 1992*
MacDonough, Giles *Berlin. A Portrait of Its History, Politics, Architecture, and Society, St. Martin's Press 1998*
Meyer, Ulf *Bundeshauptstadt Berlin. Parlament, Regierung, Ländervertretungen, Botschaften, Berlin 1999*
Muhs, Andreas/Wefing, Heinrich *Der Neue Potsdamer Platz. Ein Kunststück Stadt, Berlin 1998*
O'Donnell, James P. *The Bunker, Boston 1978*
Pundt, Hermann *Schinkel's Berlin, Harvard University Press 1972*
Reichardt, Hans J./Schäche, Wolfgang *Von Berlin nach Germania. Über die Zerstörungen der Reichshauptstadt durch Albert Speers Neugestaltungsplanungen, Berlin 1998*
Richie, Alexandra *Faust's Metropolis, New York 1998*
Rürup, Reinhard (Hg.) *Topographie des Terrors. Gestapo, SS und Reichssicherheitshauptamt auf dem »Prinz-Albrecht-Gelände«, Berlin 1995*
Schäche, Wolfgang *Architektur und Städtebau in Berlin zwischen 1933 und 1945, Berlin 1991*
Senatsverwaltung für Bau und Wohnungswesen *Hauptstadt Berlin. Zur Geschichte der Regierungsstandorte, Berlin 1992*
Senatsverwaltung für Stadtentwicklung und Umweltschutz (Hg.) *Hauptstadtplanung und Denkmalpflege. Die Standorte für Parlament und Regierung in Berlin, Berlin 1995*
Shirer, William *Berlin Diary, Knopf 1941*
Staatliche Museen Berlin (Ost) (Hg.) *Karl Friedrich Schinkel 1781–1841, Berlin 1982*
Vassiltchikov, Marie *Berlin Diaries 1940–1945, Vintage Books 1988*
Volk, Waltraud *Berlin. Historische Straßen und Plätze heute, Berlin 1972*
Wilderotter, Hans *Alltag der Macht. Berlin Wilhelmstraße, Berlin 1998*
Wise, Michael Z. *Capital Dilemma. Germany's Search for a New Architecture of Democracy, Princeton Architectural Press 1998*

Bildnachweis

Architekten Kollhoff und Timmermann, Berlin *S. 204*
Architekten Schweger + Partner, Hamburg *S. 140 u.*
Archiv Argon Verlag, Berlin *S. 243, 249*
Archiv für Kunst und Geschichte, Berlin *S. 21 o., 50 o. (2), 92 o., 99, 103, 104/105 (2), 107 o., 139 o., 149 o., 202, 232*
Bettmann Archives (CORBIS), London/Picture Press, Hamburg *S. 64/65, 76 r., 252*
Bildarchiv Preußischer Kulturbesitz, Berlin *S. 4/5, 8/9, 10, 12 l., 17 u. (Friedrich Seidenstücker [F. S.]), 20 (F. Albert Schwartz [F. A. S.]), 25 o., 28 (Emil Leitner), 35 o. l. (Hoffmann), 58 l., 58 r. (Oskar Dahlke), 59 u. (F. S.), 60 (F. S.), 65 r., 70 (F. S.), 72, 73 (F. A. S.), 74 (Herbert Hensky), 86 (Heinrich Hoffmann), 87 o. r., 89 (Benno Wundshammer), 92 u., 94, 97 l., 102 o. l. (Stöcker), 102 o. r. (Hanns Hubmann), 108 u. (Arthur Grimm), 112/113, 116 (F. S.), 132 l., 132 r. (Felix H. Man), 136 r., 143 r., 144 l. (Franz Kräft), 152 l. (F. S.), 154 u. l., 162 r. (Carl Weinrother), 164 o., 176 l., 182 l., 183, 190 (Georg Ebert), 195 o., 206 r., 207 o., 212, 213, 216 r., 220 (2, Emil Leitner), 223, 226, 238 (F. S.), 242*
Canadian Centre for Architecture, Montreal *S. 32 (2), 33, 155 o.*
Deutsches Historisches Museum, Berlin *S. 14, 21 u., 82, 83, 84, 137, 140 o., 188 r., 236 u.*
Mark R. McGee, Montreal *S. 16, 22 (2), 35 o. r., 40 o., 46 u. r., 66, 87 u., 124, 136 l., 160 r., 168, 170/171, 173, 184 r., 188 l., 207 u., 216 l., 239 o.*
Landesarchiv Berlin *S. 36, 78 l. u., 91 l., 95, 114 (2), 138/139 u., 148/149 u., 154 u. r., 160 l., 162 l., 165, 176 r., 179 u., 184 l., 194, 199, 208/209, 219 o.*
Landesbildstelle Berlin *S. 12 r., 13, 31 o., 42/43, 45 o., 46 o. l., 47, 52, 53, 56 (3), 59, 62/63, 68, 87 o. l., 88 (2), 109 (2), 115 o., 117 (2), 120/121, 122/123, 126/127, 128 o., 128/129, 133 u., 142, 143 l., 144/145, 155 u., 161, 164 u., 167, 172 (2), 185 (2), 189, 198 r., 200, 201, 214 o., 217, 221, 227 (2), 231 o. und 2. v. o., 246*
Jonas Maron, Berlin *S. 15 u., 18/19, 23, 27, 31 u., 35 u., 41, 45 u., 50 u., 51, 57, 61, 67, 71 u., 75, 80/81, 85, 93, 97 r., 101, 106/107 u., 111, 115 u., 118/119, 125, 131, 135, 141, 147, 152/153, 159, 163 u., 169, 174/175, 180/181, 182 r., 186/187, 191 u., 195 u., 197, 205, 211, 215, 219 u., 225, 229, 231 u., 237 u., 241 u., 247, 253*
Stiftung Stadtmuseum Berlin *S. 69, 71 o., 76 l., 102 u., 126 l., 177, 191 o., 198 l., 206 l. (Hermann Rückwardt), 214 u., 235, 237 o., 239 u.*
Museum Berlin Karlshorst *S. 15 o., 34, 48, 236 o., 250/251*
National Archives, Washington DC *S. 17 o., 24 (2), 25 u., 37, 38/39 (2), 49 r., 54/55, 71 2. v. o., 77, 78 l. o., 78/79, 90, 91 r., 96, 98, 108 o., 133 o., 150/151, 156 l., 156/157, 163 o., 179 o., 193, 222, 240, 241 o., 244/245*
Ullstein Bilderdienst, Berlin *S. 29 l. (Hanns Hubmann), 29 r., 30 o. (Arthur v. Brietzke), 120 l. (H. v. Perkhammer)*
U.S. Embassy Public Affairs, Berlin *S. 30 u.*
Wolfgang Volz/Bilderberg, Christo und Jeanne-Claude, Wrapped Reichstag, Berlin 1971–1995 *S. 40 u.*

Umschlagfotos
Vorderseite: Landesbildstelle Berlin (o.), Museum Berlin Karlshorst (2. v. o.), Jonas Maron, Berlin (u.)
Buchrücken: Jonas Maron, Berlin
Rückseite: National Archives, Washington DC